乡村生产生活热点解答 **系列**

农村常用法律

你问我答

NONGCUN CHANGYONG FALÜ
NIWEN WODA

董景山　王祎梦　编著

中国科学技术出版社
·北　京·

图书在版编目（CIP）数据

农村常用法律你问我答 / 董景山，王祎梦编著 . —北京：
中国科学技术出版社，2018.3
ISBN 978-7-5046-7882-9

Ⅰ.①农… Ⅱ.①董… ②王… Ⅲ.①法律—中国—问题解答
Ⅳ.① D920.5

中国版本图书馆 CIP 数据核字（2018）第 001134 号

策划编辑	张　金
责任编辑	乌日娜
装帧设计	中文天地
责任校对	焦　宁
责任印制	徐　飞

出　　版	中国科学技术出版社
发　　行	中国科学技术出版社发行部
地　　址	北京市海淀区中关村南大街16号
邮　　编	100081
发行电话	010-62173865
传　　真	010-62173081
网　　址	http://www.cspbooks.com.cn

开　　本	889mm×1194mm　1/32
字　　数	149千字
印　　张	6.375
版　　次	2018年3月第1版
印　　次	2018年3月第1次印刷
印　　刷	北京长宁印刷有限公司
书　　号	ISBN 978-7-5046-7882-9 / D·110
定　　价	25.00元

目录 | Contents

二、农村土地政策　39

村民自治

（一）公民的基本权利和义务

Q1 公民享有的基本权利有哪些？

（1）法律面前一律平等 《中华人民共和国宪法》（以下简称《宪法》）第三十三条：

■ 凡具有中华人民共和国国籍的人都是中华人民共和国公民。

■ 中华人民共和国公民在法律面前一律平等。

■ 国家尊重和保障人权。

■ 任何公民享有宪法和法律规定的权利，同时必须履行宪法和法律规定的义务。

（2）政治权利和自由 包括选举权和被选举权，言论、出版、集会、结社、游行、示威的自由。

《宪法》第三十四条：

■ 中华人民共和国年满18周岁的公民，不分民族、种族、性别、职业、家庭出身、宗教信仰、教育程度、财产状况、居住期限，都有选举权和被选举权；但是依照法律被剥夺政治权利的人除外。

《宪法》第三十五条：

■ 中华人民共和国公民有言论、出版、集会、结社、游行、示威的自由。

（3）宗教信仰自由 《宪法》第三十六条：

■ 中华人民共和国公民有宗教信仰自由。

■ 任何国家机关、社会团体和个人不得强制公民信仰宗教或者不信仰宗教，不得歧视信仰宗教的公民和不信仰宗教的公民。

■国家保护正常的宗教活动。任何人不得利用宗教进行破坏社会秩序、损害公民身体健康、妨碍国家教育制度的活动。

■宗教团体和宗教事务不受外国势力的支配。

（4）**人身与人格权** 包括人身自由不受侵犯，人格尊严不受侵犯，住宅不受侵犯，通信自由和通信秘密受法律保护。

《宪法》第三十七条：

■中华人民共和国公民的人身自由不受侵犯。

■任何公民，非经人民检察院批准或者决定或者人民法院决定，并由公安机关执行，不受逮捕。

■禁止非法拘禁和以其他方法非法剥夺或者限制公民的人身自由，禁止非法搜查公民的身体。

《宪法》第三十八条：

■中华人民共和国公民的人格尊严不受侵犯。禁止用任何方法对公民进行侮辱、诽谤和诬告陷害。

《宪法》第三十九条：

■中华人民共和国公民的住宅不受侵犯。禁止非法搜查或者非法侵入公民的住宅。

《宪法》第四十条：

■中华人民共和国公民的通信自由和通信秘密受法律的保护。除因国家安全或者追查刑事犯罪的需要，由公安机关或者检察机关依照法律规定的程序对通信进行检查外，任何组织或者个人不得以任何理由侵犯公民的通信自由和通信秘密。

（5）**监督权** 包括对国家机关及其工作人员有批评、建议、申诉、控告、检举并依法取得赔偿的权利。

《宪法》第四十一条：

■中华人民共和国公民对于任何国家机关和国家工作人员，有提出批评和建议的权利；对于任何国家机关和国家工作人员的违法失职行为，有向有关国家机关提出申诉、控告或者检举的权利，但是不得捏造或者歪曲事实进行诬告陷害。

■对于公民的申诉、控告或者检举，有关国家机关必须查清事实，负责处理。任何人不得压制和打击报复。

■由于国家机关和国家工作人员侵犯公民权利而受到损失的人，有依照法律规定取得赔偿的权利。

（6）社会经济权利 包括劳动权利，劳动者休息权利，退休人员生活保障权利，因年老、疾病、残疾或丧失劳动能力时从国家和社会获得社会保障与物质帮助的权利。

《宪法》第四十二条：

■中华人民共和国公民有劳动的权利和义务。

■国家通过各种途径，创造劳动就业条件，加强劳动保护，改善劳动条件，并在发展生产的基础上，提高劳动报酬和福利待遇。

■劳动是一切有劳动能力的公民的光荣职责。国有企业和城乡集体经济组织的劳动者都应当以国家主人翁的态度对待自己的劳动。国家提倡社会主义劳动竞赛，奖励劳动模范和先进工作者。国家提倡公民从事义务劳动。

■国家对就业前的公民进行必要的劳动就业训练。

《宪法》第四十三条：

■中华人民共和国劳动者有休息的权利。

■国家发展劳动者休息和休养的设施，规定职工的工作时间和休假制度。

《宪法》第四十四条：

■国家依照法律规定实行企业事业组织的职工和国家机关工作人员的退休制度。退休人员的生活受到国家和社会的保障。

《宪法》第四十五条：

■中华人民共和国公民在年老、疾病或者丧失劳动能力的情况下，有从国家和社会获得物质帮助的权利。国家发展为公民享受这些权利所需要的社会保险、社会救济和医疗卫生事业。

■国家和社会保障残废军人的生活，抚恤烈士家属，优待军人家属。

■国家和社会帮助安排盲、聋、哑和其他有残疾的公民的劳动、生活和教育。

（7）社会文化权利和自由　包括受教育权利，进行科研、文艺创作和其他文化活动的自由。

《宪法》第四十六条：

■中华人民共和国公民有受教育的权利和义务。

■国家培养青年、少年、儿童在品德、智力、体质等方面全面发展。

《宪法》第四十七条：

■中华人民共和国公民有进行科学研究、文学艺术创作和其他文化活动的自由。国家对于从事教育、科学、技术、文学、艺术和其他文化事业的公民的有益于人民的创造性工作，给以鼓励和帮助。

Q2 公民的基本义务有哪些？

（1）公民的权利与义务是相统一的　《宪法》第五十一条：

■中华人民共和国公民在行使自由和权利的时候，不得损害国家的、社会的、集体的利益和其他公民的合法的自由和权利。

（2）维护国家的统一和各民族的团结 《宪法》第五十二条：

■中华人民共和国公民有维护国家统一和全国各民族团结的义务。

（3）遵守宪法和法律，保守国家秘密，爱护公共财产，遵守劳动纪律，遵守公共秩序，遵守社会公德 《宪法》第五十三条：

■中华人民共和国公民必须遵守宪法和法律，保守国家秘密，爱护公共财产，遵守劳动纪律，遵守公共秩序，尊重社会公德。

（4）维护国家的安全、荣誉和利益 《宪法》第五十四条：

■中华人民共和国公民有维护祖国的安全、荣誉和利益的义务，不得有危害祖国的安全、荣誉和利益的行为。

（5）保卫祖国，依照法律服兵役和参加民兵组织 《宪法》第五十五条：

■保卫祖国、抵抗侵略是中华人民共和国每一个公民的神圣职责。

■依照法律服兵役和参加民兵组织是中华人民共和国公民的光荣义务。

（6）依照法律纳税 《宪法》第五十六条：

■中华人民共和国公民有依照法律纳税的义务。

Q3 村民的权利与义务有哪些？

在前述法律规定的我国公民享有的权利义务之外，村民的权利与义务还包括村民自治方面的内容，即村民的权利构成等于《宪法》规定的公民基本权利加上《中华人民共和国村民委员会组织法》（以下简称《村民委员会组织法》）所规定的相关自治权利。

如选举权和被选举权，对村务的监督权等。

《村民委员会组织法》第十三条：

■年满18周岁的村民，不分民族、种族、性别、职业、家庭出身、宗教信仰、教育程度、财产状况、居住期限，都有选举权和被选举权；但是，依照法律被剥夺政治权利的人除外。

与权利相统一的还有村民的义务。在村民自治中，村民有执行村民会议和村民代表会议的决议的义务等。

（二）村民自治的基本内容

Q4 有关村民自治的法律有哪些？

《宪法》第一百一十一条：

■城市和农村按居民居住地区设立的居民委员会或者村民委员会是基层群众性自治组织。居民委员会、村民委员会的主任、副主任和委员由居民选举。居民委员会、村民委员会同基层政权的相互关系由法律规定。

■居民委员会、村民委员会设人民调解、治安保卫、公共卫生等委员会，办理本居住地区的公共事务和公益事业，调解民间纠纷，协助维护社会治安，并且向人民政府反映群众的意见、要求和提出建议。

《村民委员会组织法》第一条：

■为了保障农村村民实行自治，由村民依法办理自己的事情，发展农村基层民主，维护村民的合法权益，促进社会主义新农村建设，根据宪法，制定本法。

村民自治，简而言之就是广大农民群众直接行使民主权利，依法办理自己的事情，创造自己的幸福生活，实行自我管理、自我教育、自我服务的一项基本社会政治制度。村民自治的核心内容是"四个民主"，即民主选举、民主决策、民主管理、民主监督，因此，全面推进村民自治，也就是全面推进村级民主选举、村级民主决策、村级民主管理和村级民主监督。

（1）全面推进村级民主选举，把干部的选任权交给村民 民主选举，就是按照《宪法》《村民委员会组织法》《中华人民共和国村民委员会选举法》等法律法规，由村民直接选举或罢免村民委员会干部。村民委员会由主任、副主任和委员 3 ~ 7 人组成，每届任期 3 年，届满应及时进行换届选举。选举实行公平、公正、公开的原则，把"思想好、作风正、有文化、有本领、真心愿意为群众办事的人"选进村民委员会班子。也就是说，选出一个群众信赖、能够带领群众致富奔小康的村民委员会领导班子。

（2）全面推进村级民主决策，把重大村务的决定权交给村民 民主决策，就是凡涉及村民利益的重要事项，如乡统筹的收缴方法，村提留的收缴和使用，享受误工补贴的人数及补贴标准，从村集体经济所得收入的使用，村办学校、村建道路等公益事业的经费筹集方案，村集体经济项目的立项、承包方案及村公益事业的建设承包方案，村民的承包方案，宅基地的使用方案等，都应提请村民会议或村民代表会议讨论，按多数人的意见作出决定。

（3）全面推进村级民主管理，把日常村务的参与权交给村民 民主管理，就是依据国家的法律法规和党的方针政策，结合本地的实际情况，全体村民讨论制定村民自治章程或村规民约，把村民的权利和义务，村级各类组织之间的关系、职责、工作程序以及经济管理、社会治安、村风民俗、计划生育等方面的要求，规定得明明白白，加强村民的自我管理、自我教育、自我服务。村民自治章程是村民和村干部自我管理、自我教育、自我服务的综合性章程，也是村内最权威、最全面的规章，村民形象地称之为"小宪法"。村规民约一般是就某个突出问题，如治安、护林、防火等作出规定，作为村民的基本行为规范。

（4）全面推进村级民主监督，把对村干部的评议权和村务的知情权交给村民 民主监督，就是通过村务公开、民主评议村干部和村民委员会定期报告工作等形式，由村民监督村中重大事务，监督村民委员会工作和村干部行为。民主监督的重点是村务公开，凡是村里的重大事项和村民普遍关心的问题，都应向村民公开。

但是行政村不属于一级政府，是一种村落小范围的自治组织，自制内容仅限于自我管理。

Q5 村民委员会的性质是什么？

《村民委员会组织法》第二条：

■村民委员会是村民自我管理、自我教育、自我服务的基层群众性自治组织，实行民主选举、民主决策、民主管理、民主监督。

■村民委员会办理本村的公共事务和公益事业，调解民间纠纷，协助维护社会治安，向人民政府反映村民的意见、要求和提出建议。

■村民委员会向村民会议、村民代表会议负责并报告工作。

1980 年，广西宜州市合寨村村民为走出当时的乡村治理困境，率先成立基层群众性自治组织，称为"村委会"。新成立的村民委员会使村里的社会治安迅速好转。

群众性自治制度也是我国的一项基本政治制度。村民委员会，为中国大陆地区乡（镇）所辖的行政村村民选举产生的群众性自治组织，村民委员会是村民自我管理、自我教育、自我服务的基层群众性自治组织，村民委员会由主任、副主任和委员3～7人组成。领导班子的产生依赖于民主选举，每3年选举一次，没有终身制，任何组织或者个人不得指定、委派或者撤换村民委员会成员。

Q6 村民委员会的设立是怎样的？

《村民委员会组织法》第三条：

■村民委员会根据村民居住状况、人口多少，按照便于群众自治，有利于经济发展和社会管理的原则设立。

■村民委员会的设立、撤销、范围调整，由乡、民族乡、镇的人民政府提出，经村民会议讨论同意，报县级人民政府批准。

■村民委员会可以根据村民居住状况、集体土地所有权关系等分设若干村民小组。

注意

由该条可见，村民委员会的设立受村民的居住状况、人口多少、经济发展状况等现实情况的影响。设立、撤销、范围调整的程序：第一步，由乡镇人民政府提出；第二步，经村民会议讨论同意；第三步，报县级人民政府批准。三步缺一不可。

二是满足村民自治的实际需要。我国是一个统一的多民族国家。由于历史的原因，民族分布状况形成了大杂居、小聚居的局面，即使是人口较多的少数民族，也是聚居的少，分散杂居的多，形成了你中有我、我中有你，互相融合、互相依存的关系。在我国农村中，多民族村民居住的村有相当数量。一个村有几个民族的村民居住，各民族的习惯和利益存在一定差异。在村民委员会成员中，如果没有人数较少的民族的成员，就不便于村民委员会开展工作，不便于村民实行自治。

注意

《村民委员会组织法》中"多民族村民居住的村应当有人数较少的民族的成员"，既包括在汉族村民集中的村中，应有少数民族村民担任村民委员会成员，也包括在一个或多个少数民族聚居的村中，应有人数较少的汉族或其他民族的村民担任村民委员会成员。同样，村民委员会成员中如果没有妇女，许多需要发动妇女参加或直接涉及妇女权益的工作就不易开展，也不利于村民自治。

③成员补贴 村民委员会是农村基层自治性组织，不是一级政权，也不属于国家机关。因此，村民委员会成员有别于政府公务员以及其他国家机关的工作人员，不能从国家领取工资。但村民委员会成员从事村民委员会的工作，必然要占用大量时间和精力，应当给予适当的补贴。村民委员会成员的补贴，可以从村民上交的提留中解决，也可以从集体经济上交村民委员会的收益中解决。补贴方式可以采用固定补贴的办法，也可以采用误工补贴的

办法。固定补贴，就是规定一年补多少钱。误工补贴，就是根据村民委员会成员办理村民委员会的事务实际占用的工作时间，给予适当补贴。《村民委员会组织法》规定，村民委员会成员不脱离生产，根据情况，可以给予适当补贴。如何才能做到适当补贴，应当同本村的经济状况和村民委员会成员所承担的任务结合起来考虑。

一般来说，对村民委员会成员的补贴，应当大体相当于当地相同劳动力的平均收入。补贴太高，增加村民的负担；补贴太低，影响村民委员会成员的切身利益，不利于调动村民委员会成员的积极性，也不利于自治工作的开展。经济状况较好、村民个人收入较高的地区，补贴可以相应高些；反之，补贴可相应低一些。村民委员会成员所承担的任务重的，补贴可以适当高些；反之，可以适当低些。

（2）村民委员会的下属委员会 村民委员会可下设人民调解委员会、治安保卫委员会、公共卫生与计划生育委员会等，分工具体负责相关村务工作。

《村民委员会组织法》第七条：

■村民委员会根据需要设人民调解、治安保卫、公共卫生与计划生育等委员会。村民委员会成员可以兼任下属委员会的成员。人口少的村的村民委员会可以不设下属委员会，由村民委员会成员分工负责人民调解、治安保卫、公共卫生与计划生育等工作。

Q9 村民委员会的职责有哪些？

（1）对村生产活动的服务与协调 《村民委员会组织法》第八条第一款：

■村民委员会应当支持和组织村民依法发展各种形式的合作

经济和其他经济，承担本村生产的服务和协调工作，促进农村生产建设和经济发展。

（2）对村集体财产的管理与保护 《村民委员会组织法》第八条第二款：

■ 村民委员会依照法律规定，管理本村属于村农民集体所有的土地和其他财产，引导村民合理利用自然资源，保护和改善生态环境。

（3）对集体经济组织活动的支持与保障 《村民委员会组织法》第八条第三款：

■ 村民委员会应当尊重并支持集体经济组织依法独立进行经济活动的自主权，维护以家庭承包经营为基础、统分结合的双层经营体制，保障集体经济组织和村民、承包经营户、联户或者合伙的合法财产权和其他合法权益。

（4）宣传教育的职责 《村民委员会组织法》第九条第一款：

■ 村民委员会应当宣传宪法、法律、法规和国家的政策，教育和推动村民履行法律规定的义务、爱护公共财产，维护村民的合法权益，发展文化教育，普及科技知识，促进男女平等，做好计划生育工作，促进村与村之间的团结、互助，开展多种形式的社会主义精神文明建设活动。

（5）推动社区建设的职责 《村民委员会组织法》第九条第二款：

■ 村民委员会应当支持服务性、公益性、互助性社会组织依法开展活动，推动农村社区建设。

（6）维护社区和谐的职责 《村民委员会组织法》第九条第三款：

■ 多民族村民居住的村，村民委员会应当教育和引导各民族

村民增进团结、互相尊重、互相帮助。

（7）**接受村民监督的职责** 《村民委员会组织法》第十条：

■村民委员会及其成员应当遵守宪法、法律、法规和国家的政策，遵守并组织实施村民自治章程、村规民约，执行村民会议、村民代表会议的决定、决议，办事公道，廉洁奉公，热心为村民服务，接受村民监督。

Q10 村民委员会是如何选举的？

（1）**成员的产生方式和任期** 《村民委员会组织法》第十一条：

■村民委员会主任、副主任和委员，由村民直接选举产生。任何组织或者个人不得指定、委派或者撤换村民委员会成员。

■村民委员会每届任期 3 年，届满应当及时举行换届选举。村民委员会成员可以连选连任。

①村民委员会成员的产生　由村民直接选举村民委员会，是法律赋予村民的一项基本民主权利，是基层民主的重要体现。搞好村民委员会换届选举，实行村民自治，扩大农村基层民主，是党领导亿万农民建设中国特色社会主义民主政治的伟大创造。做好这项工作，有利于把村民公认的、真心实意为群众服务的人选进村民委员会；有利于调动广大农民群众当家做主的积极性、主动性，增强自主意识、竞争意识、民主法制意识，促进农村先进文化的发展；有利于坚持党的全心全意为人民服务的根本宗旨，密切党同农民群众的血肉联系，巩固党在农村的执政基础，更好地实现最广大人民群众的根本利益。

在一个村的范围内，村民朝夕相处，生产和生活相关，对本村的情况最了解。谁有经济头脑，谁老实厚道，谁为老百姓办事，大家心中都有一杆秤。村民知道谁能胜任主任，谁适合当委员；村民更知道村民委员会应由哪些人组成，才能代表自己的意愿和利益，才能保持农村稳定，带领大家致富奔小康。因此，有条件实行村民委员会主任、副主任和委员的直接选举。"村民委员会主任、副主任和委员，由村民直接选举产生"，就是指由全体有选举权的村民，直接投票选举产生，不需要经过任何其他环节。这就意味着：第一，村民委员会主任、副主任、委员3种职务都必须由村民直接投票选举产生，不得先选举村民委员会委员，然后再由委员自己推选主任和副主任。第二，不得采用户代表选举，更不得采用推选村民代表，然后由村民代表选举村民委员会主任、副主任和委员的做法。

为了防止选举不民主，不经选举直接指定、委派村民委员会成员，随意撤换村民委员会成员，本法规定，任何组织或者个人不得指定、委派或者撤换村民委员会成员。也就是说，村党支部、乡镇党委、人大、政府和其他上级机关，以及任何个人都无权任命、指定或委派村民委员会组成人员，更不得随意撤换。凡是采取上述做法的，都是违背法律的，一律无效，应当予以纠正。

②村民委员会及其成员的任期　村民委员会每届任期3年，村民委员会成员的任期与村民委员会任期相同，但村民委员会成员可以在换届时连选连任，不受连任届数的限制。

对于村民委员会的任期，在修法过程中，还有一些意见建议将村民委员会每届任期由3年改为5年或者4年；还有的意见建议由省级人大常委会在3～5年之间确定。建议改为5年的主要理由：一是任期短，易引发短期行为，不利于长远规划；二是换届选举工作量大、成本高，改成5年可以与县乡人大政府换届同步，能减少工作环节；三是任期短不利于农村社会稳定。

村民委员会任期长短各有利弊。任期规定为 3 年，主要考虑：一是与村党支部的任期同步，有利于党支部成员在村民委员会交叉任职，发挥基层党组织领导基层民主政治建设的核心堡垒作用；二是村民委员会 3 年选 1 次，有利于村民通过换届实现对村民委员会及其成员的有效监督；三是村的地域范围有限，村的工作不需要太长的熟悉过程；四是村民委员会选举是一个村的自治事务，应由村民自己完成，即便现在用一些财力搞选举，对于民主的进步也是必要的。

村民委员会 3 年任期届满，应当及时进行换届选举。根据《中共中央办公厅、国务院办公厅关于加强和改进村民委员会选举工作的通知》（中办发〔2009〕20 号）的精神，村民委员会要依法按期进行民主选举，未经县（市、区）委批准，无故取消或拖延村民委员会换届选举的，要依法追究乡（镇、街道）党委（工委）、政府和村党组织、村民委员会主要负责人的责任。

（2）选举的组织机构——村民选举委员会 《村民委员会组织法》第十二条：

■ 村民委员会的选举，由村民选举委员会主持。

■ 村民选举委员会由主任和委员组成，由村民会议、村民代表会议或者各村民小组会议推选产生。

■ 村民选举委员会成员被提名为村民委员会成员候选人，应当退出村民选举委员会。

■ 村民选举委员会成员退出村民选举委员会或者因其他原因出缺的，按照原推选结果依次递补，也可以另行推选。

①村民选举委员会成员的产生 确立选举的组织机构，是村民委员会选举工作的首要环节，对选举具有十分重要的作用。选举村民委员会是村民的民主权利，所以这个机构应当由村民自己

推选出的组织来主持，这样可以更好地尊重村民的意愿。推选产生村民选举委员会成员是一项重要的选举程序，也是村民委员会换届选举的一个重要环节，应当依法推选。根据本条第二款的规定，村民选举委员会成员的产生，有3种方式：一是由村民会议推选；二是由村民代表会议推选；三是由各村民小组会议推选。除此之外，任何组织和个人都不得任意委派、指定或撤换村民选举委员会成员。这是由村民委员会的性质和村民自治的要求所决定的，是为了充分发扬民主，确保被推选的成员为大多数村民所认可。实践中，推选村民选举委员会时，较大的村，一般在各村民小组或村民代表会议中组织推选，然后按票数集中，票数高者当选；较小的村，可以直接召开村民会议，当场推选确定村民选举委员会的成员。关于推选村民选举委员会的工作由谁主持，本法没有规定。从以往的实践来看，一般是由村党支部或原村民委员会主持。

②村民选举委员会的组成和回避 本条第二款规定，村民选举委员会由主任和委员组成。至于成员的具体人数，本法没有规定。一般根据村的规模大小、村民多少和选举工作量的情况决定。实践中，有的地方规定由3～7人组成，也有的地方规定由5～9人组成等。为了在开展选举工作时，按照少数服从多数的原则讨论决定事项，村民选举委员会成员一般应为单数，村民选举委员会在其成员中推选一人为主任主持工作。

"村民选举委员会成员被提名为村民委员会成员候选人，应当退出村民选举委员会。"之所以作这样的规定，是因为村民选举委员会是村民委员会选举的主持者和组织者，在选举工作中负有十分重要的职责，如审查村民选举资格、公布村民名单、组织村民提名候选人、根据投票结果公布正式候选人名单、确定和公布选举日期与地点、主持投票选举、监督选举过程、确定选举结果是否有效、公布选举结果等，村民选举委员会对于选举工作的正常组织发挥着十分重要的作用。村民选举委员会的组成人员如果被推荐为村民委员会成员的候选人，那么，其既是选举的参与者与竞争者，又是选举工作的组织者，既是裁判员，又是运动员，不符合公平、公正的原则，也会使村民对选举的公平性与公正性产生疑虑。因此，为避免身份的重合与冲突，保证选举的公平公正，村民选举委员会的组成人员被提名为村民委员会成员候选人的，不宜继续担任村民选举委员会的职务，应当辞去村民选举委员会成员的职务，并及时增补他人。

③村民选举委员会的性质和职责　根据第十二条的规定，村民委员会的选举由村民选举委员会主持。这就意味着，村民选举委员会是主持村民委员会选举的唯一合法机构，其他任何机构和组织都无权主持村民委员会的选举。

村民选举委员会是一个临时性机构，而不是常设机构，本次村民委员会换届选举工作完成后，这个机构就不复存在。

《村民委员会组织法》第二十条：

■村民委员会应当自新一届村民委员会产生之日起 10 日内完成工作移交。工作移交由村民选举委员会主持，由乡、民族乡、镇的人民政府监督。

因此，一般村民选举委员会从村民委员会完成工作移交后解散。实践中，也有的地方的村民选举委员会行使职权到新一届村民委员会召开第一次会议为止。

根据村民委员会选举的实践经验看，村民选举委员会的主要职责有：一是制定选举工作方案，组织村民学习法律、法规及有关文件；二是组织培训选举工作人员；三是进行村民登记，审查村民选举资格，公布登记参加选举的村民名单，受理对于村民名单有异议的申诉，并作出处理决定；四是组织提名候选人，公布正式候选人名单；五是确定选举日期、地点和投票方法；六是组织投票选举，确定选举结果是否有效，公布选举结果，并报乡镇人民政府备案；七是总结选举工作，整理和建立选举工作档案；八是办理选举工作中的其他事项。

（3）**选民登记与公布**　《村民委员会组织法》第十三条：

■ 年满 18 周岁的村民，不分民族、种族、性别、职业、家庭出身、宗教信仰、教育程度、财产状况、居住期限，都有选举权和被选举权；但是，依照法律被剥夺政治权利的人除外。

■ 村民委员会选举前，应当对下列人员进行登记，列入参加选举的村民名单：

● 户籍在本村并且在本村居住的村民；

● 户籍在本村，不在本村居住，本人表示参加选举的村民；

● 户籍不在本村，在本村居住 1 年以上，本人申请参加选举，并且经村民会议或者村民代表会议同意参加选举的公民。

■ 已在户籍所在村或者居住村登记参加选举的村民，不得再参加其他地方村民委员会的选举。

《村民委员会组织法》第十四条：

■ 登记参加选举的村民名单应当在选举日的 20 日前由村民选举委员会公布。

■ 对登记参加选举的村民名单有异议的，应当自名单公布之日起 5 日内向村民选举委员会申诉，村民选举委员会应当自收到申诉之日起 3 日内作出处理决定，并公布处理结果。

（4）**选举办法**　《村民委员会组织法》第十五条：

■ 选举村民委员会，由登记参加选举的村民直接提名候选人。

村民提名候选人，应当从全体村民利益出发，推荐奉公守法、品行良好、公道正派、热心公益、具有一定文化水平和工作能力的村民为候选人。候选人的名额应当多于应选名额。村民选举委员会应当组织候选人与村民见面，由候选人介绍履行职责的设想，回答村民提出的问题。

■选举村民委员会，有登记参加选举的村民过半数投票，选举有效；候选人获得参加投票的村民过半数的选票，始得当选。当选人数不足应选名额的，不足的名额另行选举。另行选举的，第一次投票未当选的人员得票多的为候选人，候选人以得票多的当选，但是所得票数不得少于已投选票总数的1/3。

■选举实行无记名投票、公开计票的方法，选举结果应当当场公布。选举时，应当设立秘密写票处。

■登记参加选举的村民，选举期间外出不能参加投票的，可以书面委托本村有选举权的近亲属代为投票。村民选举委员会应当公布委托人和受委托人的名单。

■具体选举办法由省、自治区、直辖市的人民代表大会常务委员会规定。

（5）罢免、无效选举与职务终止

①罢免 《村民委员会组织法》第十六条：

■本村1/5以上有选举权的村民或者1/3以上的村民代表联名，可以提出罢免村民委员会成员的要求，并说明要求罢免的理由。被提出罢免的村民委员会成员有权提出申辩意见。

■罢免村民委员会成员，须有登记参加选举的村民过半数投票，并须经投票的村民过半数通过。

②无效选举 《村民委员会组织法》第十七条：

■以暴力、威胁、欺骗、贿赂、伪造选票、虚报选举票数等不正当手段当选村民委员会成员的，当选无效。

■对以暴力、威胁、欺骗、贿赂、伪造选票、虚报选举票数等不正当手段，妨害村民行使选举权、被选举权，破坏村民委员会选举的行为，村民有权向乡、民族乡、镇的人民代表大会和人民政府或者县级人民代表大会常务委员会和人民政府及其有关主管部门举报，由乡级或者县级人民政府负责调查并依法处理。

③职务终止 《村民委员会组织法》第十八条：

■村民委员会成员丧失行为能力或者被判处刑罚的，其职务自行终止。

《村民委员会组织法》第三十三条第二款：

■村民委员会成员连续 2 次被评议不称职的，其职务终止。

（三）农村基层政治组织

Q11 村民会议由哪些人组成？

《村民委员会组织法》第二十一条第一款：

■村民会议由本村 18 周岁以上的村民组成。

①村民会议的组成人员应当年满 18 周岁。需要指出的是，这里所称的年龄限制是公法意义上的，只有真正满足年龄要求才能具有相应的政治权利。这一点不同于《中华人民共和国民法通则》（以下简称《民法通则》）上的完全民事行为能力。《民法通则》规定，18 周岁以上的公民是成年人，具有完全民事行为能力，可以独立进行民事活动，是完全民事行为能力人。16 周岁以上不满 18 周岁的公民，以自己的劳动收入为主要生活来源的，视为完全民

事行为能力人。在这里，18 周岁以上的公民是成年人，是完全民事行为能力人，属于村民会议的组成人员；但是 18 周岁以下的人属于未成年人，不具备完全民事行为能力，即使已经参加了生产劳动，以自己的劳动收入为主要生活来源，也不是村民会议的组成人员，不能参加村民会议。

②参加村民会议的必须是本村村民。这里的本村村民需要结合《村民委员会组织法》第十三条来分析，本村村民应包括 3 部分：户籍在本村并且在本村居住的村民；户籍在本村，不在本村居住本人表示参加选举的村民；户籍不在本村，在本村居住 1 年以上，本人申请参加选举，并且经村民会议或者村民代表会议同意参加了村民选举的公民。前两部分是以户籍为标准的本村村民，第三部分是基于居住期限经法定程序成为参加本村村民委员会选举的其他村的村民或者城镇居民。召开村民会议，除法律另有规定由村集体经济组织成员决定的事项外，村民会议讨论决定事项时，参加村民会议的人员是平等的，具有相同的表决权。

③依照法律被剥夺政治权利的本村村民是否可以参加村民会议，法律没有规定。《中华人民共和国刑法》第五十四条规定："剥夺政治权利是剥夺下列权利：一是选举权和被选举权；二是言论、出版、集会、结社、游行、示威自由的权利；三是担任国家机关职务的权利；四是担任国有公司、企业、事业单位和人民团体领导职务的权利。"《宪法》规定的其他权利，如劳动权、休息权、受教育权、财产权、继承权等，则和一般公民一样享有。因此，依照法律被剥夺政治权利的人作为村民的一员，可以参加村民会议，对村民会议讨论的各项问题发表意见。但在选举村民委员会组成人员时，不享有选举权和被选举权；在罢免村民委员会组成人员时，不享有表决权。

Q12 村民会议何时召集?

《村民委员会组织法》第二十一条第二款:

■村民会议由村民委员会负责召集。有 1/10 以上的村民或者 1/3 以上的村民代表提议,应当召集村民会议。召集村民会议,应当提前 10 天通知村民。

村民委员会作为村民自治的组织者和执行者,召集村民会议既是其职权所在,又是其职责所系。根据《村民委员会组织法》的规定,村民委员会在下列情况下应当召集村民会议:①村民委员会的设立、撤销、范围调整;②罢免村民委员会成员;③撤销或者变更村民代表会议不适当的决定;④决定授权村民代表会议事项;⑤制定、修改村民自治章程、村规民约;⑥有 1/10 以上的村民或者 1/3 以上的村民代表提议。

在下列情况下可以召集村民会议:①审议村民委员会的年度工作报告,评议村民委员会成员的工作;②撤销或者变更村民委员会不适当的决定;③推选产生村民选举委员会;④补选出缺的村民委员会成员;⑤推选村务监督机构成员;⑥对村民委员会成员以及由村民或者村集体承担误工补贴的聘用人员进行民主评议;⑦讨论决定《村民委员会组织法》第二十四条规定的涉及村民切身利益的事项。

《村民委员会组织法》虽然没有明确规定多长时间召开一次村民会议,根据上述规定应当和可以召集村民会议的情况来看,只要涉及上述事项和特殊情况时,村民会议就应当及时召开,讨论决定有关事项。有的省(区、市)规定了村民会议每年召开的次数,例如,福建省规定村民会议每年至少举行一次,广东省规定村民会议一般每半年举行一次。因此，在村民自治实践中，村民会议的召开实行定期与不定期相结合。

Q13 村民会议如何召开？

《村民委员会组织法》第二十二条：

■召开村民会议，应当有本村 18 周岁以上村民的过半数，或者本村 2/3 以上的户的代表参加，村民会议所作决定应当经到会人员的过半数通过。法律对召开村民会议及作出决定另有规定的，依照其规定。

■召开村民会议，根据需要可以邀请驻本村的企业、事业单位和群众组织派代表列席。

Q14 村民会议的职权有哪些？

《村民委员会组织法》第二十三条：

■村民会议审议村民委员会的年度工作报告，评议村民委员会成员的工作；有权撤销或者变更村民委员会不适当的决定；有权撤销或者变更村民代表会议不适当的决定。

■村民会议可以授权村民代表会议审议村民委员会的年度工作报告，评议村民委员会成员的工作，撤销或者变更村民委员会不适当的决定。

（1）审议村民委员会的年度工作报告，评议村民委员会成员的工作 村民会议是村民集体讨论决定涉及全村村民利益问题的一种组织形式，是最广泛、最直接地表达村民的利益、意志和愿望的渠道，是村民开展自治活动、直接行使民主权利的村级最高权力机构。而村民委员会由村民直接选举产生，是村民会议决议、决定的执行者和组织者，是村民实行自治的执行机构和工作机构。二者是自治的权力机构与执行机构和工作机构的关系。因此规定，村民委员会向村民会议、村民代表会议负责并报告工作。

正是基于这一关系，村民会议有权审议村民委员会的年度工作报告，评议村民委员会成员的工作。村民会议听取和审议村民委员会的工作报告，以使村民对村民委员会的工作有足够的了解，增强村民委员会工作的公开性；村民委员会及其成员有义务向村民会议如实报告工作情况，从而使村民委员会的一切工作和活动都对村民会议负责，接受村民会议的监督。村民会议对村民委员会成员的工作作出评议，也是村民委员会向村民会议负责的具体体现。村民可以通过评议对村民委员会成员的工作提出意见和建议，以便村民委员会成员改进工作。

（2）有权撤销或者变更村民委员会、村民代表会议不适当的决定　撤销或者变更村民委员会、村民代表会议不适当的决定，是村民会议对村民委员会、村民代表会议的纠错机制，也是村民自治中全民监督的方式之一。变更是指村民会议认为村民委员会、村民代表会议的决定不适当，通过法定的民主程序对该决定进行内容上的更改。撤销是指村民会议认为村民委员会、村民代表会议的决定不适当，通过法定的民主程序取消该决定，使其失去效力。

（3）村民会议对村民代表会议的授权　村民会议对村民代表会议的授权方式可以分为3种：一是一次性授权。如每次换届选举以后，召开村民会议向本届村民代表会议授予若干事项的讨论决定权。二是在村民自治章程中授权。通过制定或者修改村民自治章程，在村民自治章程中明确列出村民会议授予村民代表会议行使的各项职权。三是专项授权。如针对每个具体的重大村务事项，专门召开村民会议向村民代表授权，授权内容只涉及特定的重大村务事项。总之，村民会议向村民代表会议授权的具体内容和方式，应根据各地实际情况来进行。

Q15 须经村民会议讨论决定的事项有哪些？

《村民委员会组织法》第二十四条：

■ 涉及村民利益的下列事项，经村民会议讨论决定方可办理：

- 本村享受误工补贴的人员及补贴标准；
- 从村集体经济所得收益的使用；
- 本村公益事业的兴办和筹资筹劳方案及建设承包方案；
- 土地承包经营方案；
- 村集体经济项目的立项、承包方案；
- 宅基地的使用方案；
- 征地补偿费的使用、分配方案；
- 以借贷、租赁或者其他方式处分村集体财产；
- 村民会议认为应当由村民会议讨论决定的涉及村民利益的其他事项。

■ 村民会议可以授权村民代表会议讨论决定前款规定的事项。

■ 法律对讨论决定村集体经济组织财产和成员权益的事项另有规定的，依照其规定。

Q16 村民代表会议是什么？

（1）村民代表会议的设立 《村民委员会组织法》第二十五条：

■ 人数较多或者居住分散的村，可以设立村民代表会议，讨论决定村民会议授权的事项。村民代表会议由村民委员会成员和村民代表组成，村民代表应当占村民代表会议组成人员的 4/5 以上，妇女村民代表应当占村民代表会议组成人员的 1/3 以上。

村民代表会议的设立取决于以下两个条件：一是村的规模，人数较多的村才能设立村民代表会议。多少人的村为人数较多的村，法律没有规定，可以由各地根据本地区的人口密集程度和居住状况确定。二是村的区域分布状况，只有居住分散的村才可以设立村民代表会议。一个村由几个甚至多个自然村组成，地域面积较广，交通不便，便可以认定为村民居住分散的村。

村民委员会大都是在原来生产大队的基础上设立的，规模较大，人口较多，一般在 1 000 ~ 3 000 人，多的村达到 8 000 人，甚至 10 000 人，以这样的人口规模召集村民会议非常困难。另外，一些边远山区，行政村往往由几个自然村组成，村落分布广阔，村民居住分散，增加了召开村民会议的难度。再加上农村实行家庭联产承包责任制后，每家每户分别经营管理土地，劳动和闲暇时间不统一，召开全体村民会议的时间更难保证。而且，随着社会人员流动的加大，大量青壮劳动力外出打工或经商，这就给经常性召开村民会议带来了困难。《村民委员会组织法》修改时，有些代表和地方提出，村民会议讨论涉及村民利益的重大问题，但由于村民会议召开难，不仅导致了组织选举难，也导致法律关于民主决策、民主管理的规定难以落实。许多地方根据实际情况积极探索由村民选举代表组成村民代表会议，讨论本村的重大事项，形成决定草案，提交村民代表会议表决，解决了村民会议召集难的问题，取得了较好的效果。建议明确村民代表会议的法律地位，以强化村民代表会议的作用。

（2）村民代表 《村民委员会组织法》第二十五条：

■村民代表由村民按每5户至15户推选一人，或者由各村民小组推选若干人。村民代表的任期与村民委员会的任期相同。村民代表可以连选连任。

■村民代表应当向其推选户或者村民小组负责，接受村民监督。

这里明确规定了村民代表的产生方式、任期和职责。职责主要是3个方面：一是参加村民委员会召集的会议，讨论决定村民会议授权的事项；二是与推选自己的村民联系，反映他们的意见和建议；三是会议作出决定后，负责向推选自己的村民传达，动员村民认真遵守和执行。

（3）村民代表会议的决策 《村民委员会组织法》第二十六条：

■村民代表会议由村民委员会召集。村民代表会议每季度召开一次。有1/5以上的村民代表提议，应当召集村民代表会议。

■村民代表会议有2/3以上的组成人员参加方可召开，所作决定应当经到会人员的过半数同意。

村民代表会议有2/3以上的组成人员参加方可召开。村民代表会议召开的合法性从程序上讲：一是取决于其是否符合法定的召集会议要求；二是取决于其是否达到法定的出席人数要求。如果村民委员会自行召集或者根据1/5的村民代表提议召集村民代表会议，但出席村民代表会议的村民代表人数没有达到法律规定的2/3，则由于村民代表的代表性不足法定要求的人数，村民代表会议就不能召开。

一个村民代表往往代表着多户农民家庭，如果出席村民代表会议的组成人员的人数要求过低，则其所代表的农户就越少，村民的意愿就不能在村民代表会议上得到充分体现。当然，村民代表到会的人数比例要求也不能过高。不少村民代表外出打工或者经商，影响了出席村民代表会议的到会率。

法律不仅对出席村民代表会议的人数规定了具体要求，对所作决定的通过人数也作了规定，所作决定应当经到会人员的过半数同意，以此保证所作决定的代表性、权威性。

召开村民代表会议，应当充分保障村民代表的知情权，调动村民代表履职的积极性和主动性，保证村民代表履行决策和监督职能。村民代表会议讨论的具体事项，在村民代表会议召开之前，应当事先通告村民代表，以便村民代表广泛征求村民意见，代表村民利益和意愿，参与有关问题的讨论；村民代表会议作出的决策和达成的决定，必须尽快向广大村民公布和宣传，以利于村民代表会议决议和决定的顺利贯彻，推动村民自治和依法治村的落实。

Q17 村务公开的内容和要求有哪些？

（1）村务公开的内容 《村民委员会组织法》第三十条：

■ 村民委员会实行村务公开制度。

■ 村民委员会应当及时公布下列事项，接受村民的监督：

  ● 本法第二十三条、第二十四条规定的由村民会议、村民代表会议讨论决定的事项及其实施情况；

  ● 国家计划生育政策的落实方案；

  ● 政府拨付和接受社会捐赠的救灾救助、补贴补助等资金、物资的管理使用情况；

  ● 村民委员会协助人民政府开展工作的情况；

  ● 涉及本村村民利益，村民普遍关心的其他事项。

（2）村务公开的要求 《村民委员会组织法》第三十条：

■ 前款规定事项中，一般事项至少每季度公布一次；集体财务往来较多的，财务收支情况应当每月公布一次；涉及村民利益的重大事项应当随时公布。

■ 村民委员会应当保证所公布事项的真实性，并接受村民的查询。

①公开的形式 村务公开的形式要便捷，以利于群众方便、快捷地了解村务公开的内容。公开的方式可以根据本地实际情况确定，如采取村务公开栏、发放"明白纸（卡）"的形式，还可以实行村民点题公开（民主听证会）、建立信息公开平台（广播、电视、网络）等形式。

②公开的时间 村务公开要及时。通常情况下，需要公开的事项要尽早向村民公开，也可以定期公开。属于本条第二款规定事项中的，一般事项至少每季度公布一次；集体财务往来较多的，财务收支情况应当每月公布一次；涉及村民利益的重大事项应当随时公布。有些办理时限较长的事项，可以每完成一个阶段，即公布一次进展情况。每一件较大事项完成之后，要及时向村民公布办理结果。

③公开的程序 村民委员会应当根据本村的实际情况，依照法规和政策的有关要求提出村务公开的具体方案；村务监督机构对方案进行审查、补充、完善后，提交村党组织和村民委员会联席会议讨论确定；村民委员会通过村务公开栏等形式及时公布。每次公开后，村民委员会要及时召开村民会议或村民代表会议，认真听取村民的意见，答复、解决村民提出的问题。

（3）对违反村务公开规定的查处 《村民委员会组织法》第三十一条：

■ 村民委员会不及时公布应当公布的事项或者公布的事项不

真实的，村民有权向乡、民族乡、镇的人民政府或者县级人民政府及其有关主管部门反映，有关人民政府或者主管部门应当负责调查核实，责令依法公布；经查证确有违法行为的，有关人员应当依法承担责任。

①村民委员会的法律责任　村民委员会违反村务公开规定的，要根据乡、民族乡、镇的人民政府和县级人民政府及其有关主管部门责令改正的要求，依法履行职责，公布应当由其公布的事项。

责令依法公布，就是要求村民委员会按照法律、村民自治章程和国家有关规定要求的公布时间和事项，及时、全面、真实地加以公布。主要包括：一是弄虚作假的，责令公布事实真相；二是公布不全面的，责令将未公布部分加以公布；三是名实不符、遗漏错误的，责令改正、重新公布；四是公布不及时的，责令按照规定的时间公布。

②有关人员的法律责任　出现村民委员会不及时公布应当公布的事项或者公布的事项不真实的情况，有的是因村民委员会成员工作不尽职造成的，也有的是因村民委员会成员在村务管理中存在违法行为造成的，要根据不同情况进行处理。一是工作不尽职的，应当对其批评教育，督促改正；可以将其履职情况与民主评议挂钩，连续两次评议不称职的，其职务终止。二是未经村民会议或者村民代表会议讨论决定，擅自以集体名义借贷，变更和处置村集体的土地、企业、设备、设施的，应当由相关责任人承担造成的损失。三是在工作中有截留、挪用、侵占、贪污集体资金、资产、资源，利用职权谋取非法利益以及造成涉及农民负担恶性案件等情况，构成违纪的，给予其党纪政纪处分；构成民事侵权的，依法承担民事责任；构成违法犯罪的，移送司法机关进行处理。

Q18 谁是村务监督机构？

《村民委员会组织法》第三十二条：

■ 村应当建立村务监督委员会或者其他形式的村务监督机构，负责村民民主理财，监督村务公开等制度的落实，其成员由村民会议或者村民代表会议在村民中推选产生，其中应有具备财会、管理知识的人员。村民委员会成员及其近亲属不得担任村务监督机构成员。村务监督机构成员向村民会议和村民代表会议负责，可以列席村民委员会会议。

（1）**村务监督机构的组成** 村务监督机构成员由村民会议或者村民代表会议在村民中推选产生。村民会议、村民代表会议的召开，由村民委员会召集。有 1/10 以上的村民或者 1/3 以上的村民代表提议，也应当召开村民会议。

村务监督机构中应当有具备财会、管理知识的人员，因村务监督机构需要负责村民民主理财、监督村务公开等职责。当然，这里所提到的具备财会、管理知识，并不是要求对财会管理有非常深入的研究，而是对此有相对一般人的了解，对此具备一定的专门知识即可。

村民委员会成员及其近亲属不得担任村务监督机构的成员。村务监督机构因为需要监督村务公开，因此，其必然需要对村民委员会的工作进行监督，为防止自己监督自己，村民委员会的成员不得担任村务监督机构的成员。同理，为防止村民委员会的近亲属在村务监督机构任职从而可能会发生角色冲突，影响村务监督机构的正常运行，村民委员会成员的近亲属不得担任村务监督机构的成员。

（2）**村务监督机构的职责**　按照《村民委员会组织法》第三十二条的规定，村务监督机构负责村民民主理财，监督村务公开制度的落实；村务监督机构的成员向村民会议和村民代表会议负责，可以列席村民委员会会议。

①负责村民民主理财　对于村务监督机构如何进行本村的民主理财，法律没有具体规定。按照中共中央办公厅、国务院办公厅关于村务公开的意见的要求，农村成立村民民主理财小组来进行民主理财，负责对本村集体财务活动进行民主监督，参与制定本村集体的财务计划和各项财务管理制度，有权检查、审核财务账目及相关的经济活动事项，有权否决不合理开支；当事人对否决有异议的，可提交村民会议或村民代表会议讨论决定。在新修订的《村民委员会组织法》实施过程中，村务监督机构进行本村的村民民主理财时，可以参照上述内容进行民主理财。

②监督村务公开制度的落实　对于村务监督机构如何监督村务公开，法律没有具体规定。按照中共中央办公厅、国务院办公厅关于村务公开的意见的要求，村务公开监督小组要依法履行职责，认真审查村务公开各项内容是否全面、真实，公开时间是否及时，公开形式是否科学，公开程序是否规范，并及时向村民会议或村民代表会议报告监督情况。在新修订的《村民委员会组织法》实施过程中，村务监督机构监督本村的村务公开制度落实时，可以参照上述内容进行。

案例 1 谁来保护我的隐私权

案情简述

王某、李某夫妇与张某是隔壁邻居，为了安全，王某、李某夫妇在自家房屋上安装了几个摄像头。没想到，邻居张某不干了，认为王某、李某夫妇在他们房屋上安装的、靠近自家房屋的两个摄像头，摄取到了自己家的来往出入情况，侵犯了自己与家人的隐私权，因此，要求王某、李某夫妇拆除靠近自家房屋的两个摄像头。王某、李某夫妇不以为然，交涉无果，张某无奈之下起诉到法院。

为查明案件真相，法院进行了现场勘查，查明王某、李某夫妇在他们房屋上安装的、靠近张某房屋的一个摄像头，其摄取范围延伸到张某家，张某家的出入往来都被王某、李某夫妇家的摄像头尽收眼底，显然侵犯了张某及其家人的隐私权。法院经过开庭审理，依法作出判决，判令王某、李某夫妇拆除靠近张某房屋的一个摄像头，驳回了张某的其他诉讼请求。

以案释法

隐私权是指公民个人享有的私人生活安宁与私人信息秘密依法受到保护，不被他人非法侵扰、知悉、收集、利用和公开的一种人格权。本案涉及隐私权的问题，王某、李某夫妇安装摄像头本意是为了保障自己人身财产的安全，但是，其摄取范围延伸到张某家，张某家的出入往来都被王某、李某夫妇的摄像头尽收眼底，显然侵犯了张某及其家人的隐私权。村民在行使自己权利的同时，不要侵害他人的权利。

（资料来源：刘广东，申天恩. 我是村民我做主 [M]. 大连：东北财经大学出版社，2012：19）

案例 2　借款谁来还

案情简述

　　2000年6月20日，在某村任村干部的黄某（该村村支书）、周某、何某到付某处以村里上缴税费紧张为由，向付某借现金11000元，约定月息3分，两个月内付清，若两个月内未付清，付1000元利息给付某，黄某等3人出具欠条给付某，并加盖某村党支部的印章。后黄某等3人仅支付1000元约定利息，余款经付某多次催讨都被拒付，付某到该村查询该借款并未入村账，付某遂诉至法院，请求判令黄某等3人偿还借款11000元及利息。

以案释法

　　黄某等3人虽然在借条上加盖了村党支部印章，但该笔借款并未入村账，其借款行为其实是以村党支部之名，行个人借款之实，应当认定为是黄某等3人的个人共同借款行为，故该笔借款应当由黄某等3人共同偿还。

　　村党支部是没有独立经费的基层党组织，即其没有财产的独立性，因而村党支部不具有民事责任能力，故在本案中村党支部不能作为民事主体并承担相应的民事责任。在本案中能作为民事主体并对外独立承担民事责任的只有村民委员会。黄某等3位村干部借这笔款并未入村账，即并未用于村里的公共事业，故可以认定该笔借款应为黄某等3人的个人共同借款行为，由其3人共同偿还，而不是由村民委员会偿还。

　　（资料来源：刘广东，申天恩. 我是村民我做主 [M].大连：东北财经大学出版社，2012：302）

案例 3　监督政府

案情简述

2009 年 2 月 12 日，上海白领王某在网上发布《河南灵宝老农的抗旱绝招》一帖，披露老家河南灵宝非法征地。新浪等多家门户网站都将帖子放在首页。3 月 6 日，灵宝市刑警队员跨省追捕到上海，将王某带回。4 月 16 日，河南省副省长做客人民网公开承认错误并道歉。

以案释法

《宪法》第四十一条：中华人民共和国公民对于任何国家机关和国家工作人员，有提出批评和建议的权利；对于任何国家机关和国家工作人员的违法失职行为，有向有关国家机关提出申诉、控告或者检举的权利，但是不得捏造或者歪曲事实进行诬告陷害。

公民批评和监督政府，是《宪法》赋予的正当权利。采用匿名举报也好，发短信、发帖公开批评也好，都是可行的方式。公开批评势必影响地方政府，尤其是影响直接责任官员的声誉和利益，所以一些官员就会利用手中的权力，甚至动用国家机器来限制和剥夺公民自由批评的权利。地方官员的这些做法是和《宪法》精神相违背的，必须把对政府工作人员声誉的伤害和对政府及对国家利益的伤害严格区分开来，对政府工作人员声誉的伤害不等于伤害政府和国家的利益，要严格区分监督政府和诽谤罪的关系，不能动辄以诽谤罪论处。当然作为公民，监督政府也要严格按照法律规定来进行。

（资料来源：刘广东，申天恩. 我是村民我做主 [M].大连：东北财经大学出版社，2012：57）

农村土地政策

（一）土地管理的基本政策

Q1 基本土地制度是什么？

（1）社会主义公有制 《宪法》第六条第一款：

■ 中华人民共和国的社会主义经济制度的基础是生产资料的社会主义公有制，即全民所有制和劳动群众集体所有制。

《中华人民共和国土地管理法》（以下简称《土地管理法》）第二条第一款：

■ 中华人民共和国实行土地的社会主义公有制，即全民所有制和劳动群众集体所有制。

《宪法》第十条：

■ 城市的土地属于国家所有。

■ 农村和城市郊区的土地，除由法律规定属于国家所有的以外，属于集体所有；宅基地和自留地、自留山，也属于集体所有。

土地是宝贵的自然资源，同时也是最基本的生产资料。土地所有制的法律表现形式是土地所有权，即土地所有者对其土地享有占有、使用、受益和处分的权利。

我国土地公有制的法律表现形式是国有土地所有权和农民集体土地所有权。国家和农民集体是我国土地所有权的主体，国家和农民集体对自己所有的土地行使权利受法律保护。对于任何侵犯公有土地所有权的行为，都将受到法律制裁。土地公有制是我国土地制度的基础和核心，也是我国社会主义制度的重要经济基础，一切土地立法都必须遵循和维护这一制度。

（2）土地所有权的行使主体　国有土地所有权由国务院代表国家行使，是指国务院代表国家依法行使对国有土地的占有、使用、收益和处分的权利。在法律上规定国务院是国有土地所有权的代表，一是明确地方各级人民政府不是国有土地所有权代表，无权擅自处置国有土地，只能依法根据国务院的授权处置国有土地；二是赋予中央人民政府行使国有土地资产经营管理的职能；三是明确国有土地的收益权归中央人民政府，国务院有权决定国有土地收益的分配办法。国务院代表国家行使国有土地所有权，但是在国有土地的具体经营、管理上，国务院可以直接行使有关权利，也可以授权地方人民政府或者委托国有公司行使有关权利。

关于农民集体所有土地的所有权应当由作为该土地所有权主体的农民集体行使。至于具体经营、管理，根据《土地管理法》的规定，农民集体所有的土地依法属于村农民集体所有的，可以由村集体经济组织或者村民委员会经营、管理；已经分别属于村内两个以上农村集体经济组织的农民集体所有的，可以由村内各该农村集体经济组织或者村民小组经营、管理；已经属于乡（镇）农民集体所有的，由乡（镇）农村集体经济组织经营、管理。

Q2 什么是耕地保护制度？

《土地管理法》第三条：

■ 十分珍惜、合理利用土地和切实保护耕地是我国的基本国策。各级人民政府应当采取措施，全面规划，严格管理，保护、开发土地资源，制止非法占用土地的行为。

我国国土总面积约960万平方千米，约占世界陆地面积的1/15，居世界第三位。但由于人口多，人均占有国土面积不到世界人均占有量的 1/3。而在我国国土总面积中，不能或者难以利用的沙漠、冰川、戈壁、石山和高寒荒漠又占去相当大一部分。

我国的耕地资源有以下几个显著的特点：

第一，人均占有耕地的数量少。目前，我国耕地的统计数约为 14 亿多亩（1 亩 ≈ 667 平方米），据全国土地利用现状调查，实际耕地数字有所增加，但仍无法改变我国人多地少的基本状况。按统计数计算，我国人均耕地 1 亩多一点，不及世界人均耕地 3 亩多的 1/3。在全世界 26 个人口 5 000 万以上的国家中，我国人均耕地仅高于日本和孟加拉国，居第 24 位，相当于美国的 1/9，泰国的 1/4，印度、巴基斯坦的 1/2。

第二，耕地总体质量差，生产水平低。我国长江流域及其以南地区，耕地占全国的 38%，水资源却占全国的 80% 以上；淮河流域及其以北地区，水资源不足全国的 20%，而耕地却占全国耕地的 62%。耕地中有灌溉设施的不到 40%，抗自然灾害的能力差。耕地中还有近亿亩坡度在 25 度以上，需逐步退耕还林、还牧。

第三，耕地退化严重。由于我国许多耕地处于干旱和半干旱地区，受荒漠化影响，这些地区 40% 的耕地有不同程度的退化。全国有 30% 左右的耕地在不同程度上受水土流失的危害。

第四，耕地后备资源匮乏。我国耕地后备资源大约还有近 2 亿亩，但大多为质量差、开发难度大的土地。另外还有部分工矿废弃地，但可复垦为耕地的数量不大。耕地资源状况如此，每年因各项建设占用、农业结构调整以及灾毁等还在造成耕地不断减少。

与此同时，我国的人口却在不断增长。人增地减的趋势已经成为我国经济社会发展中的一个重大问题和严峻挑战。我们这样一个社会主义大国，无论从政治上讲还是从经济上讲，十几亿人口的吃饭问题只有靠我们自己来解决，只有靠中国的耕地来养活中国人，现在是这样，将来也是这样。因此，十分珍惜、合理利用土地和切实保护耕地，是关系国计民生、关系国家发展全局和中华民族生存安危的大事，是我国的基本国策。

各级人民政府应当依法采取措施，全面规划，严格管理、保护、开发土地资源，制止非法占用土地的行为。为了落实土地基本国策，《土地管理法》规定了人民政府在土地管理方面的责任，特别是在耕地保护方面的责任。

第一，各级人民政府应当依据国民经济和社会发展规划、国土整治和资源环境保护的要求、土地供给能力以及各项建设对土地的需求，组织编制土地利用总体规划。通过编制土地利用总体规划，将土地分为农用地、建设用地和未利用地。严格限制农用地转为建设用地，控制建设用地总量，对耕地实行特殊保护。

第二，各省、自治区、直辖市人民政府必须采取措施，确保本行政区域内耕地总量不减少；耕地总量减少的，由国务院责令在规定期限内组织开垦与所减少耕地的数量和质量相当的耕地，并由国务院土地行政主管部门会同农业行政主管部门验收。个别省、直辖市确因土地后备资源匮乏，新增建设用地后，新开垦耕地的数量不足以补偿所占用耕地的数量的，必须报经国务院批准减免本行政区域内开垦耕地的数量，进行易地开垦。

第三，实行耕地占用补偿制度。非农业建设经批准占用耕地的，按照"占多少，垦多少"的原则，由占用耕地的单位负责开垦与所占用耕地的数量和质量相当的耕地；没有条件开垦或者开垦的耕地不符合要求的，缴纳耕地开垦费，专款用于开垦新的耕地。开垦未利用的土地，必须经过科学论证和评估，在土地利用总体规划划定的可开垦的区域内，经依法批准后进行。禁止毁坏森林、草原开垦耕地，禁止围湖造田和侵占河滩地。省、自治区、直辖市人民政府应当制定开垦计划，监督占用耕地的单位按照计划开垦耕地或者按照计划组织开垦耕地，并进行验收。

第四，实行基本农田保护制度。各省、自治区、直辖市划定的基本农田应当占本行政区域内耕地的80%以上。禁止占用基本农田发展林果业和挖塘养鱼。征用基本农田必须经国务院批准，地方各级人民政府无权批准征用基本农田。

第五，非农业建设必须节约使用土地，可以利用荒地的，不得占用耕地；可以利用劣地的，不得占用好地。县级以上地方人民政府可以要求占用耕地的单位将所占用耕地耕作层的土壤用于新开垦耕地、劣质地或者其他耕地的土壤改良。

第六，各级人民政府应当采取措施，维护排灌工程设施，改良土壤，提高地力，防止土地荒漠化、盐渍化、水土流失和污染土地。禁止占用耕地建窑、建坟或者擅自在耕地上建房、挖砂、采石、采矿、取土等。

第七，县、乡（镇）人民政府应当组织农村集体经济组织，按照土地利用总体规划，对田、水、路、林、村综合整治，提高耕地质量，增加有效耕地面积，改善农业生产条件和生态环境。地方各级人民政府应当采取措施，改造中、低产田，整治闲散地和废弃地。

此外，还对各种非法占用土地的行为规定了相应的法律责任。具体包括：责令限期改正或者治理；责令缴纳复垦费；责令退还非法占用的土地；限期拆除在非法占用的土地上新建的建筑物和其他设施，恢复土地原状；没收在非法占用的土地上新建的建筑物和其他设施；罚款；对非法占用土地单位的直接负责的主管人员和其他直接责任人员依法给予行政处分；构成犯罪的，依法追究刑事责任等。各级人民政府只要认真执行本法的有关规定，就能做好土地管理工作，将十分珍惜、合理利用土地和切实保护耕地的基本国策落到实处，造福当代和子孙后代。

Q3 土地用途管制制度具体是什么？

《土地管理法》第四条：

■国家实行土地用途管制制度。

■国家编制土地利用总体规划，规定土地用途，将土地分为农用地、建设用地和未利用地。严格限制农用地转为建设用地，控制建设用地总量，对耕地实行特殊保护。

■前款所称农用地是指直接用于农业生产的土地，包括耕地、林地、草地、农田水利用地、养殖水面等；建设用地是指建造建筑物、构筑物的土地，包括城乡住宅和公共设施用地、工矿用地、交通水利设施用地、旅游用地、军事设施用地等；未利用地是指农用地和建设用地以外的土地。

■使用土地的单位和个人必须严格按照土地利用总体规划确定的用途使用土地。

土地用途管制，是世界上一些土地管理制度较为完善的国家采用的一种土地利用管理制度。实行这种制度的目的，是通过土地利用规划引导合理利用土地，促进区域经济、社会和环境的协调发展，其核心是依据土地利用规划对土地用途转变实行严格控制。土地用途管制制度，是指国家为保证土地资源的合理利用，经济、社会和环境的协调发展，通过编制土地利用总体规划划定土地用途区域，确定土地使用限制条件，土地的所有者、使用者严格按照国家确定的用途利用土地的制度。土地用途管制制度与用地分级限额审批制度的主要区别：土地用途管制制度主动依据土地利用规划划定土地用途，并依法规范土地利用行为，划分土地管理权限，控制土地用途变更。此外，土地用途管制制度采用规划公示的办法，向社会公众告示土地用途分区和用途限制，有利于社会公众对土地利用和管理实施监督。

土地利用总体规划是在一定区域内，根据国家社会经济可持续发展的要求和当地自然、经济、社会条件，对土地的开发、利用、治理、保护在空间上、时间上所做的总体安排和布局。土地利用总体规划是实行土地用途管制的依据。

①各级人民政府应当依据国民经济和社会发展规划、国土整治和资源环境保护的要求、土地供给能力以及各项建设对土地的需求，组织编制土地利用总体规划。土地利用总体规划的规划期限由国务院规定。下级土地利用总体规划应当依据上一级土地利用总体规划编制。地方各级人民政府编制的土地利用总体规划中的建设用地总量不得超过上一级土地利用总体规划确定的控制指标，耕地保有量不得低于上一级土地利用总体规划确定的控制指标。省、自治区、直辖市人民政府编制的土地利用总体规划，应当确保本行政区域内耕地总量不减少。

②土地利用总体规划的编制原则：一是严格保护基本农田，控制非农业建设占用农用地；二是提高土地利用率；三是统筹安排各类、各区域用地；四是保护和改善生态环境，保障土地的可持续利用；五是占用耕地与开发复垦耕地相平衡。

③土地利用总体规划要对土地按用途进行分类。本条规定从大类上将土地分为农用地、建设用地和未利用地3类。将土地作这样的分类是国家实行土地用途管制制度的需要，主要目的是限制农用地转为建设用地，特别是要对耕地实行重点保护。根据需

要，各类土地还可以进行进一步的分类，并确定具体的分类标准。

④土地利用总体规划实行分级审批。省、自治区、直辖市的土地利用总体规划报国务院批准。省、自治区人民政府所在地的市、人口在100万以上的城市以及国务院指定的城市的土地利用总体规划，经省、自治区人民政府审查同意后，报国务院批准。前述以外的土地利用总体规划，逐级上报省、自治区、直辖市人民政府批准；其中，乡（镇）土地利用总体规划可以由省级人民政府授权的设区的市、自治州人民政府批准。土地利用总体规划一经批准，必须严格执行。

⑤全国和省级土地利用总体规划为宏观控制性规划，主要任务是在确保耕地总量动态平衡的前提下，统筹安排各类用地，控制城镇建设用地规模。通过规划分区和规划指标对下级土地利用总体规划进行控制。县、乡级土地利用总体规划为实施性规划，主要任务是根据上级土地利用总体规划的指标和布局要求，具体划分各土地利用区，明确用途和使用条件，为农用地转用审批、基本农田保护区划定、土地整理、土地开发复垦提供依据。特别是乡（镇）土地利用总体规划，要具体确定每一块土地的用途，并向社会公告。

⑥土地利用总体规划的修改，必须经原批准机关批准；未经批准，不得改变土地利用总体规划确定的用途。经国务院批准的大型能源、交通、水利等基础设施建设用地，需要改变土地利用总体规划的，根据国务院的批准文件修改土地利用总体规划。经省、自治区、直辖市人民政府批准的能源、交通、水利等基础设施建设用地，需要改变土地利用总体规划的，属于省级人民政府土地利用总体规划批准权限内的，根据省级人民政府的批准文件修改土地利用总体规划。

Q4 什么是土地登记制度?

《土地管理法》第十一条:

■ 农民集体所有的土地,由县级人民政府登记造册,核发证书,确认所有权。农民集体所有的土地依法用于非农业建设的,由县级人民政府登记造册,核发证书,确认建设用地使用权。

■ 单位和个人依法使用的国有土地,由县级以上人民政府登记造册,核发证书,确认使用权;其中,中央国家机关使用的国有土地的具体登记发证机关,由国务院确定。

■ 确认林地、草原的所有权或者使用权,确认水面、滩涂的养殖使用权,分别依照《中华人民共和国森林法》《中华人民共和国草原法》和《中华人民共和国渔业法》的有关规定办理。

《土地管理法》第十二条:

■ 依法改变土地权属和用途的,应当办理土地变更登记手续。

《土地管理法》第十三条:

■ 依法登记的土地的所有权和使用权受法律保护,任何单位和个人不得侵犯。

所谓土地登记,是指县级以上人民政府依法将土地的权属、用途、面积等情况登记在专门的簿册上,同时向土地所有者和使用者颁发土地证书以确认土地所有权和使用权的一种法律制度。根据本条规定,国有土地的使用者、农民集体土地的所有者、农民集体土地的建设用地使用者,须进行土地登记。依法登记的土地所有权、土地使用权,受国家法律保护,任何单位和个人不得侵犯。

Q5 如何进行土地登记?

目前,土地登记以县级行政区(含县级市、旗、自治县、市辖区,下同)为单位组织进行。具体工作由县级以上人民政府土地行政主管部门负责。土地登记分初始土地登记和变更土地登记。

(1)初始土地登记 初始土地登记又称土地总登记,是在一定时间内,对辖区全部土地进行的普遍登记。

初始土地登记的程序主要包括公告、申报和注册登记。

①公告 初始土地登记开始,由县级人民政府发布土地登记公告。公告的主要内容:土地登记区的划分;土地登记期限;土地登记收件地点;土地登记申请者应提交的有关证件;其他事项。

②申报 土地登记申请者申请土地使用权、所有权登记,必须向土地行政主管部门提交下列文件资料:土地登记申请书;土地登记申请者的法人代表证明、个人身份证明或户籍证明;土地权属来源证明;地上附着物权属证明。

第一,土地登记申请书应载明下列基本事项,并由申请者签名盖章:申请者名称、地址;土地座落、面积、用途;土地所有权、使用权、他项权利权属来源的证明;其他。

第二,国有土地使用权由使用国有土地的单位及法人代表或者使用国有土地的个人申请登记;农民集体土地的所有权,由村民委员会或农村集体经济组织及法人代表申请登记;农民集体土地的建设用地使用权,由使用集体土地的单位及法人代表或者使用集体土地的个人申请登记;与土地所有权和使用权相关的权利(他项权利)需要单独申请的,由有关权利者申请登记。委托他人代理申请土地登记的,委托代理人必须向土地行政主管部门提交委托书和委托人、委托代理人双方的身份证明。

第三，以宗地为基本单元进行登记。拥有或使用两宗以上土地的土地使用者或土地所有者，应分宗申请。两个以上土地使用者共同使用一宗地的，应分别申请。跨县级行政区使用土地的，应分别向土地所在地的县级人民政府土地行政主管部门申请。

第四，申请土地登记，有下列情况之一的，土地登记申请者应按照土地登记的有关规定重新办理：申请登记的土地不在本登记区的；土地登记申请者没有合法身份证明的；申请书填写不符合要求的。

土地行政主管部门接受土地登记申请者提交的申请书及权属来源证明，应在收件簿上载明名称、页数、件数，并给申请者开具收据。各级土地行政主管部门对土地登记申请进行审查，经审查后负责组织辖区内的地籍调查。土地行政主管部门应根据地籍调查结果，对土地权属、面积、用途等逐宗进行全面审核，填写审批表。登记申请的审核结果由土地行政主管部门予以公告。公告的主要内容如下：土地使用者、土地所有者、他项权利拥有者的名称、地址；准予登记的土地权属性质、面积、坐落；土地使用者、土地所有者及其他有关土地权益者，提出异议的期限、方式和受理机关；其他事项。土地登记申请者及其他土地权益有关者在公告规定的期限内，可以向土地行政主管部门申请复查，并按规定交复查费。经复查无误复查费不予退还；经复查确有差错的，复查费由造成差错者负担。

③注册登记　公告期满，土地所有者、土地使用者、他项权利拥有者及其他土地权益有关者，对土地申请登记审核结果未提出异议的，报经人民政府批准，进行注册登记。土地登记簿是土地使用权、土地所有权和他项权利登记的簿册，是最基本的土地权属文件和法律依据。根据土地登记卡填写土地证书、土地归户卡。土地证

书由市、县人民政府颁发。土地证书分为集体土地所有权证书、集体土地建设用地使用权证书、国有土地使用权证书。

（2）变更登记　土地变更登记是指国有土地使用权、集体土地所有权、集体土地建设用地使用权及土地的用途发生变化（即初始登记的内容发生变化）由土地使用者、所有者到登记机关进行的登记。土地使用者、所有者在初始登记发生变化后，应进行变更登记。土地使用权、所有权的转移不经变更登记的，不具有法律效力，即不仅不能以其权利变更对抗第三人，而且在当事人之间也不发生权利变动的后果。

依法改变土地权属和用途应当办理土地变更登记手续的，主要包括下述情形：

①非农业建设用地，在工程竣工1个月内，由土地使用者按规定的程序申请复查后再正式办理土地变更登记。

②依法通过土地有偿出让、转让取得国有土地使用权的，应持出让、转让合同，向土地行政主管部门申请土地登记。

③因赠与或继承、买卖、交换、分割地上附着物引起土地使用权转移的，应持有关的合法证明文件，向土地行政主管部门申请土地变更登记。

④因农用土地交换、调整引起土地使用权或土地所有权变更的，应由双方持协议和有关文件到土地行政主管部门申请土地变更登记。

⑤宗地合并或一宗地分割为两宗以上宗地时，有关各方应持合并或分割协议书及其他合法的证明文件到土地行政主管部门申请土地变更登记。

⑥因机构调整、企业兼并等原因引起土地权属变更的，变更的各方应持有关的合法证明文件到土地行政主管部门申请土地变

更登记。

⑦抵押由土地出让、转让取得的国有土地使用权，抵押人与抵押权人应持国有土地使用证和抵押合同到土地行政主管部门申请土地抵押权登记。同一宗地多次抵押时，土地行政主管部门依据收到抵押权登记申请的先后为序进行登记。因债权转让申请土地变更登记时，原抵押权登记次序不变动。因处分抵押财产而取得土地使用权的，抵押人和新取得土地使用权的单位或个人，应共同到土地行政主管部门申请土地变更登记。

⑧因土地征用、划拨、土地使用权依法收回、抵押终止或因自然灾害等原因，土地使用权或所有权消灭的，土地使用者、所有者，应持有关证明文件到土地行政主管部门申请注销土地登记。经土地行政主管部门审核，报县级人民政府批准变更或注销土地登记，吊销土地证书。

⑨因更改土地使用者、所有者的名称、地址，或因变更土地的主要用途和因错漏登记的，应由土地使用者、所有者，持有关证明文件到土地行政主管部门申请土地变更登记。

Q6 农民集体所有土地的经营、管理是怎样的？

《土地管理法》第十条：

■农民集体所有的土地依法属于村农民集体所有的，由村集体经济组织或者村民委员会经营、管理；已经分别属于村内两个以上农村集体经济组织的农民集体所有的，由村内各该农村集体经济组织或者村民小组经营、管理；已经属于乡（镇）农民集体所有的，由乡（镇）农村集体经济组织经营、管理。

①农民集体所有的土地依法属于村农民集体所有的，由村集体

经济组织或者村民委员会经营、管理。这一规定的含义：一是这里的"村"为行政村，即设立村民委员会的村，而非自然村。农民集体所有的土地依法属于村农民集体所有就是指农民集体所有的土地依法属于行政村农民集体所有。二是这里所讲村集体经济组织应理解为农村中有土地所有权的农业集体经济组织。村民委员会是指《村民委员会组织法》中所规定的村民委员会。三是农民集体所有的土地或者由村集体经济组织经营、管理，或者由村民委员会经营、管理。这是因为考虑到自从我国实行家庭联产承包责任制以后，有些村的集体经济组织已不健全，难以完成集体所有土地的经营、管理任务，需要由行使自治权的村民委员会来行使集体经济组织经营、管理土地的职能。因此，如果有以村为单位的农业集体经济组织，就由该村集体经济组织经营、管理；如果没有以村为单位的农业集体经济组织，则由村民委员会经营、管理。

②已经分别属于村内两个以上农村集体经济组织的农民集体所有的，由村内各该农村集体经济组织或者村民小组经营、管理。这一规定的含义：一是这里的村民小组是指行政村内的由村民组成的自治组织。关于村民小组，《村民委员会组织法》中有所规定，应按照该法的有关规定来理解。该条规定"已经分别属于村内两个以上农村集体经济组织的农民集体所有的"土地，是指该土地在改革开放以前就分别属于两个以上的生产队，现在其土地仍然分别属于相当于原生产队的各该农村集体经济组织或者村民小组的农民集体所有。二是已经分别属于村内两个以上农村集体经济组织的农民集体所有的土地，或者由村内各该农村集体经济组织经营、管理，或者由村民小组经营、管理。这是因为考虑到自从我国实行家庭联产承包责任制以后，有些村内的集体经济组织已不健全，难以完成集体所有土地的经营、管理任务，需要具有一定自治权

的村民小组来行使集体经济组织经营、管理土地的职能。因此，如果村内有集体经济组织的，就由村内的集体经济组织经营、管理；如果没有村内的集体经济组织，则由村民小组经营、管理。

③已经属于乡（镇）农民集体所有的，由乡（镇）农村集体经济组织经营、管理。这种情况包括：一是指改革开放以前，原来以人民公社为核算单位的土地，在公社改为乡（镇）以后仍然属于乡（镇）农民集体所有；二是在人民公社时期，公社一级掌握的集体所有的土地仍然属于乡（镇）农民集体所有。上述两种情况下的土地仍然由乡（镇）农村集体经济组织经营、管理。

该条规定实际上是以法律的形式，继续维持了我国广大农村以往实行的"三级所有，队为基础"的农民集体所有土地的基本形式，使得党在农村的政策具有连续性和稳定性，进而保护和调动广大农民的积极性。

（二）土地承包

Q7 土地承包合同的主要内容有哪些？

《土地管理法》第十四条：

■农民集体所有的土地由本集体经济组织的成员承包经营，从事种植业、林业、畜牧业、渔业生产。土地承包经营期限为30年。发包方和承包方应当订立承包合同，约定双方的权利和义务。承包经营土地的农民有保护和按照承包合同约定的用途合理利用土地的义务。农民的土地承包经营权受法律保护。

■在土地承包经营期限内，对个别承包经营者之间承包的土地进行适当调整的，必须经村民会议 2/3 以上成员或者 2/3 以上村民代表的同意，并报乡（镇）人民政府和县级人民政府农业行政主管部门批准。

农民的土地承包经营权是指我国农村经济体制改革中产生的反映土地承包关系的一种土地使用权利。这种权利是通过土地承包关系转移到承包者手中的，但土地的所有权仍然属于集体所有。《土地管理法》对土地承包经营权的规定是我们国家关于农村政策的法律化定型化。土地承包经营权通常通过订立土地承包经营合同方式取得。

土地承包经营合同，是指发包人和承包人依法订立的约定双方权利和义务的协议。

（1）**合同主体**　合同主体为发包人和承包人。根据《土地管理法》第十条的规定，发包人一般是指村集体经济组织或者村民委员会、村内分别设立的集体经济组织或者村民小组、乡（镇）农村集体经济组织。承包人是本集体经济组织的成员，该成员可以是个人，也可以是农户。

（2）**承包经营的范围**　承包经营的范围为"从事种植业、林业、畜牧业、渔业生产"。这就是说，土地承包经营合同的范围实际上属于《中华人民共和国农业法》（以下简称《农业法》）所讲的农业的范畴。这里所讲：种植业，是指利用植物的生活机能，通过人工培养以取得粮食、副食品、饲料和工业原料的社会生产部门。林业，是指植树造林、经营林木、森林采伐、木材运输、木材加工、木材综合利用等的生产部门。畜牧业，是指通过人工饲养、繁殖来加强或者控制家畜的生产发育过程，以取得畜产品的生产部门。渔业，是指通过采捕或者养殖水生动植物以取得水产品的生产部门。

（3）土地承包经营合同的期限　根据该条规定，集体经济组织的成员对本集体经济组织的土地所进行的承包期限为30年。土地承包经营期限为30年，是指改革开放以后第一轮承包到期后，发包方与承包方继续签订第二轮承包合同的期限应为30年，就目前来讲，由于各地第一轮土地承包合同期限到期的时间不完全一致，所以应当是到期一批，续订一批。

（4）承包合同的主要内容　《中华人民共和国农村土地承包法》（以下简称《农村土地承包法》）第二十一条：

■ 发包方应当与承包方签订书面承包合同。承包合同一般包括以下条款：

● 发包方、承包方的名称，发包方负责人和承包方代表的姓名、住所；

● 承包土地的名称、坐落、面积、质量等级；

● 承包期限和起止日期；

● 承包土地的用途；

● 发包方和承包方的权利和义务；

● 违约责任。

（5）合同主体的权利与义务　就土地的发包方来讲，其拥有的权利：①依法维护集体土地的所有权不受侵犯。发包方作为农民集体所有的土地的所有权人，对于任何侵占、买卖或者以其他形式非法转让的土地行为有权制止。②依法享有农民集体土地的收益权。这一权利是通过收取承包方的承包金或者提留款来实现的。③依法具有监督管理权。比如监督承包方按照规定用途合理利用土地等。其承担的义务：不得违反合同的约定干涉承包方的经营自主权；应当按照合同的约定向承包方提供农业生产所需要的生产条件，并按照农时完成承包合同规定的服务项目。

就承包经营方来讲，其拥有的权利：生产经营决策权、产品处分权、收益权等，但是上述权利的行使必须依法进行。其承担的义务：①"有保护和按照承包合同约定的用途合理利用土地的义务。"这里所讲保护，是指承包经营方对土地生态及其环境的良好性能和质量的保护。为此，承包经营方为保护土地的生产能力要采取整治和管理措施，要保护土地生态环境、提高土地利用率、防止水土流失和盐渍化等。②承包经营方应依照合同或者法律的要求缴纳有关税费等。

（6）合同效力及解除变更　土地承包合同一经订立即具有法律效力，受法律保护。双方必须认真履行。为了保护承包经营方的利益，《土地管理法》第十四条特别规定，农民的土地承包经营权受法律保护。目前侵犯农民土地承包经营权的情况比较多。这样规定，一方面让广大农民群众了解到法律是保护土地承包经营权的，当承包经营权受到侵犯时，可以用法律武器来维护自己的合法权益；另一方面也提醒发包方及其他单位和个人也必须尊重和维护农民的土地承包经营权。

土地承包合同订立以后应当保持稳定，不得随意解除和变更。如果解除或者变更，必须经过《土地管理法》第十四条第二款所规定的程序，否则，其解除或者变更无效。根据《土地管理法》第十四条规定，在土地承包经营期限内，对个别承包经营者之间承包的土地进行适当调整的，必须经过下述两个程序：第一个程序是须经村民会议2/3以上成员或者2/3以上村民代表的同意。这里需要说明的是，村民会议2/3以上成员应是组成村民会议的2/3以上的人员；2/3以上村民代表应是村民代表组成的村民会议的2/3以上成员。第二个程序是报乡（镇）人民政府和县级人民政府农业行政主管部门两个机关批准，两个机关必须均为同意。

Q8 家庭承包中发包方与承包方的权利与义务分别有哪些?

（1）**发包方** 《农村土地承包法》第十二条：

■ 农民集体所有的土地依法属于村农民集体所有的，由村集体经济组织或者村民委员会发包；已经分别属于村内两个以上农村集体经济组织的农民集体所有的，由村内各该农村集体经济组织或者村民小组发包。村集体经济组织或者村民委员会发包的，不得改变村内各集体经济组织农民集体所有的土地的所有权。

■ 国家所有依法由农民集体使用的农村土地，由使用该土地的农村集体经济组织、村民委员会或者村民小组发包。

（2）**发包方的权利** 《农村土地承包法》第十三条：

■ 发包方享有下列权利：

● 发包本集体所有的或者国家所有依法由本集体使用的农村土地；

● 监督承包方依照承包合同约定的用途合理利用和保护土地；

● 制止承包方损害承包地和农业资源的行为；

● 法律、行政法规规定的其他权利。

（3）**发包方的义务** 《农村土地承包法》第十四条：

■ 发包方承担下列义务：

● 维护承包方的土地承包经营权，不得非法变更、解除承包合同；

● 尊重承包方的生产经营自主权，不得干涉承包方依法进行正常的生产经营活动；

● 依照承包合同约定为承包方提供生产、技术、信息等服务；

● 执行县、乡（镇）土地利用总体规划，组织本集体经济组织内的农业基础设施建设；

●法律、行政法规规定的其他义务。

《农村土地承包法》第三十五条：

■承包期内，发包方不得单方面解除承包合同，不得假借少数服从多数强迫承包方放弃或者变更土地承包经营权，不得以划分"口粮田"和"责任田"等为由收回承包地搞招标承包，不得将承包地收回抵顶欠款。

（4）**承包方** 《农村土地承包法》第十五条：

■家庭承包的承包方是本集体经济组织的农户。

（5）**承包方的权利** 《农村土地承包法》第十六条：

■承包方享有下列权利：

●依法享有承包地使用、收益和土地承包经营权流转的权利，有权自主组织生产经营和处置产品；

●承包地被依法征收、征用、占用的，有权依法获得相应的补偿；

●法律、行政法规规定的其他权利。

（6）**承包方的义务** 《农村土地承包法》第十七条：

■承包方承担下列义务：

●维持土地的农业用途，不得用于非农建设；

●依法保护和合理利用土地，不得给土地造成永久性损害；

●法律、行政法规规定的其他义务。

Q9 什么是家庭承包经营权流转？

（1）**流转的原则** 《农村土地承包法》第三十三条：

■土地承包经营权流转应当遵循以下原则：

- 平等协商、自愿、有偿，任何组织和个人不得强迫或者阻碍承包方进行土地承包经营权流转；
- 不得改变土地所有权的性质和土地的农业用途；
- 流转的期限不得超过承包期的剩余期限；
- 受让方须有农业经营能力；
- 在同等条件下，本集体经济组织成员享有优先权。

（2）**流转的主体** 《农村土地承包法》第三十四条：

■土地承包经营权流转的主体是承包方。承包方有权依法自主决定土地承包经营权是否流转和流转的方式。

（3）**流转的方式** 《农村土地承包法》第三十二条：

■通过家庭承包取得的土地承包经营权可以依法采取转包、出租、互换、转让或者其他方式流转。

（三）土地征收

Q10 土地征收的相关问题知多少？

（1）**申请建设用地原则** 《土地管理法》第四十三条：

■任何单位和个人进行建设，需要使用土地的，必须依法申请使用国有土地；但是，兴办乡镇企业和村民建设住宅经依法批准使用本集体经济组织农民集体所有的土地的，或者乡（镇）村公共设施和公益事业建设经依法批准使用农民集体所有的土地的除外。

■前款所称依法申请使用的国有土地包括国家所有的土地和国家征收的原属于农民集体所有的土地。

①任何单位和个人进行建设，需要使用土地的，必须依法申

请使用国有土地。我国实行的是土地的社会主义公有制，即国家所有和农民集体所有两种所有制。按照规定，城市市区的土地属于国家所有，随着城市建设的扩张，可以将原集体所有的土地由县、市人民政府报省级以上人民政府批准后征为国家所有；农村和城市郊区的土地，除法律规定属于国家所有的以外，属于农民集体所有。要求单位和个人建设申请使用国有土地，实际是要求申请使用土地利用总体规划确定的城市建设用地规模范围内的土地，如原是农民集体土地，可先由县、市人民政府报经省级以上人民政府批准后，统一征为国家所有。主要基于以下几点：

第一，我国人多地少、土地资源相对不足的国情要求我们的建设用地应当走集约利用的道路。改变过去分散、粗放的土地利用方式，实行集中、集约利用的方式供应土地，由地方人民政府统一规划、统一征用、统一开发、统一供地，以提高土地利用率，保持国民经济和社会的可持续发展。

第二，有利于改善生产和生活环境，提高人民生活的质量。目前乡镇企业及其他污染企业的分散建设给生态环境造成了严重破坏，实行统一建设，可以有利于污水和废弃物的统一治理，防止环境污染。

第三，有利于发挥企业的集聚效益。对工业企业等实行集中布局，可以统一供电、供水和实行统一配套建设，降低工业企业的成本，提高经济效益和社会效益。

②兴办乡镇企业和村民建设住宅经依法批准使用本集体经济组织农民集体所有的土地，或者乡（镇）村公共设施和公益事业建设经依法批准使用农民集体所有土地，可以使用农民集体所有的土地。这规定了今后经过批准可以使用农民集体所有土地的3类建设。

其一，乡镇企业建设使用本集体经济组织农民集体所有的土地。包括乡（镇）办企业使用本乡镇集体所有的土地，村办企业使用本村集体所有的土地，村民组办企业使用本村民组集体所有的土地。这就规定，乡（镇）办企业不能使用村或村民组所有的土地，村办企业也不能使用村民组所有的土地。但是，村或村民组可以用本集体所有的土地与其他单位和个人联办企业。除此之外，兴办乡镇企业也应当申请使用国有建设用地。

其二，农村村民建设住宅使用本集体经济组织农民集体所有的土地。即村民建住宅使用本乡或本村、村民组所有的土地，村民不能申请其他乡或村、村民组所有的土地。城市居民也不得到农村申请使用农民集体所有土地建设住宅。这既保证了农村宅基地属于村农民集体经济组织所有，又能防止利用申请宅基地搞别墅、搞房地产。除上述规定外，建住宅也应当申请使用国有土地，或购买城市统一建设的住宅。

其三，乡（镇）村公共设施和公益事业建设使用农民集体所有的土地。乡（镇）村公共设施包括乡村级道路、乡村级行政办公、农技推广、供水排水、电力、电讯、公安、邮电等行政办公、文化科学、生产服务和共用事业设施。公益事业包括学校、幼儿园、托儿所、医院（所）、敬老院等教育、医疗卫生设施。这些设施无论是使用本集体所有的土地，还是其他集体所有的土地，经过批准都是允许的。即乡镇公共设施和公益事业的建设可以使用村或村民组集体所有的土地，村公共设施和公益事业建设可以使用村民组或其他村农民集体所有的土地。

③该法条所称国有土地包括国家所有的土地和国家征用的原属于农民集体所有的土地。国家所有的土地是指土地的所有权已经属于国家的土地，包括城市市区的土地，国有农场的土地，城市市区外能源、交通、水利、矿山、军事设施及其他建设项目使用

的国有土地，国有荒山、荒滩、荒地等，国有林地，国有草地及其他未依法确定给农民集体所有的土地。农民集体所有的土地是指农村和城市郊区的土地除法律规定属于国家所有的之外的土地，包括乡、村和村民组所有的土地、农民的宅基地、自留地、自留山，农民承包的除规定为国家所有的耕地、林地、草地等。国家依法征用了农民集体所有的土地，土地的所有权归国家，也就成为国家所有的土地。

（2）农用地转为建设用地 《土地管理法》第四十四条：

■建设占用土地，涉及农用地转为建设用地的，应当办理农用地转用审批手续。

■省、自治区、直辖市人民政府批准的道路、管线工程和大型基础设施建设项目、国务院批准的建设项目占用土地，涉及农用地转为建设用地的，由国务院批准。

■在土地利用总体规划确定的城市和村庄、集镇建设用地规模范围内，为实施该规划而将农用地转为建设用地的，按土地利用年度计划分批次由原批准土地利用总体规划的机关批准。在已批准的农用地转用范围内，具体建设项目用地可以由市、县人民政府批准。

■本条第二款、第三款规定以外的建设项目占用土地，涉及农用地转为建设用地的，由省、自治区、直辖市人民政府批准。

农用地能否转为建设用地的依据：

①土地利用总体规划 土地用途管制制度的核心是土地利用总体规划，通过土地利用总体规划划分每一块土地的用途和土地使用的条件，向社会公告。农用地能否转为建设用地，如果符合土地利用总体规划确定的用途，即在建设用地区范围内，可以转为建设用地，否则将不得转为建设用地。但是，本法又规定，国务

院批准的大型能源、交通、水利等基础建设用地需要改变土地利用规划的，根据国务院批准的文件修改规划；省级人民政府批准能源、交通、水利等项目与省级人民政府批准的土地利用总体规划不符的，也可以先批准项目用地，后修改规划。

②土地利用年度计划　土地利用年度计划是国家根据国民经济和社会发展计划、国家产业政策、土地利用总体规划以及建设用地和土地利用的实际状况编制。土地利用年度计划中，包括了农用地转为建设用地的计划，是政府审批农用地转用的依据，即政府批准农用地转用必须在土地利用年度计划控制指标范围之内，不得超计划批准农用地转用。

③建设用地供应政策　国家通过制定建设用地的供应政策，不但有利于控制建设用地总量，防止大量占用农用地，而且可以优化投资结构，防止重复建设，促进国民经济的协调发展。建设用地政策将由国务院土地行政主管部门根据国家产业政策制定，对国家明确禁止建设的项目，要禁止为其办理农用地转用和供地；对国家鼓励投资的建设项目，应当优先为其办理农用地转用和供地。在国家对建设用地供应不足的条件下，优先保证国家急需的建设项目用地，使建设用地供应政策对国家经济起到调控的辅助作用。

（3）征用土地　征用土地是国家为了社会公共利益的需要，将集体所有土地转变为国有土地的强制手段。要实行征用土地，必须具备以下几个条件：征地是一种政府行为，是政府的专有权力，其他任何单位和个人都没有征地权；必须依法取得批准；必须依法对被征地单位进行补偿；被征地单位必须服从，不得阻挠征地；征地行为必须向社会公开，接受社会的监督。

我国实行的是土地的社会主义公有制，即国家所有和农民集体所有，并规定土地不能买卖，征用土地是将集体土地转为国有土地并为各项建设提供国有土地的唯一途径。按目前的规定，征用土地情况可分为两类：一类是城市建设需要占用农民集体所有的土地，另一类是城市外能源、交通、水利、矿山、军事设施等项目建设占用集体土地的，国家将要为其办理征用土地手续。

根据土地应由国家管理，在实行土地用途管制条件下上收征地审批权，实行征用土地由国务院和省两级政府审批的原则，对征用土地的审批权进行了合理划分。

《土地管理法》第四十五条：

■ 征收下列土地的，由国务院批准：

● 基本农田；

● 基本农田以外的耕地超过 35 公顷的；

● 其他土地超过 70 公顷的。

■ 征收前款规定以外的土地的，由省、自治区、直辖市人民政府批准，并报国务院备案。征收农用地的，应当依照本法第四十四条的规定先行办理农用地转用审批。其中，经国务院批准农用地转用的，同时办理征地审批手续，不再另行办理征地审批；经省、自治区、直辖市人民政府在征地批准权限内批准农用地转用的，同时办理征地审批手续，不再另行办理征地审批，超过征地批准权限的，应当依照本条第一款的规定另行办理征地审批。

根据第四十五条的规定，可以得出以下结论：

①国务院对征用土地的批准权如下：

一是基本农田，即依照土地利用总体规划和《中华人民共和国基本农田保护条例》（以下简称《基本农田保护条例》）划入基本农田保护区，禁止占用的耕地。该条取消了《基本农田保护条例》规定的省级人民政府征用 500 亩基本农田的审批权。所有占用基本农田都由国务院批准，主要是为了切实加强对基本农田的保护，

65

禁止一般性项目和城市、村庄、集镇建设占用基本农田。对于一些国家重点建设项目，确实无法避开而必须占用基本农田的，必须经过严格的审批，并按规定重新补划基本农田。这是严格管理基本农田的主要措施。

二是基本农田以外的耕地超过35公顷的。比原规定占用耕地1 000亩（66.7公顷）的批准权缩小了近一半。这里不包括同时征用基本农田的行为。

三是其他土地超过70公顷的。包括了耕地之外的所有土地，同时也包括征用耕地35公顷以下其他土地70公顷以下，而两项之和超过70公顷的，即只要征用土地的总面积超过70公顷，都必须报国务院批准。

②省级人民政府对征用土地的批准权限：基本农田以外的耕地35公顷以下的，其他土地70公顷以下的，包括基本农田以外的耕地和其他土地之和不足70公顷的。

（4）征用程序 《土地管理法》第四十六条：

■ 国家征收土地的，依照法定程序批准后，由县级以上地方人民政府予以公告并组织实施。

■ 被征收土地的所有权人、使用权人应当在公告规定期限内，持土地权属证书到当地人民政府土地行政主管部门办理征地补偿登记。

征用土地应当由县、市人民政府拟订征用土地方案，经省级以上人民政府土地行政主管部门审查后，报省级以上人民政府批准。报批时，必须有建设单位的用地申请，或城市建设用地开发方案、有关部门的批准文件、土地利用总体规划、土地利用年度计划指标等，征用耕地的，还应当有耕地补充方案。具备了申请征用土地的条件，并按照规定的程序呈报，有批准权的人民政府方可批准征用土地。征用土地批准后，批准征地的人民政府的同级土地行政主管部门应当及时通知申请征地的县、市人民政府，以便及时组织实施。

县级以上地方人民政府应当将征用土地方案予以公告，并组织实施。县级以上地方人民政府征用土地的实施机关，包括县（市）人民政府，设区的市、自治州和省级人民政府，但一般不是由人民政府直接实施，而是由地方人民政府的土地行政主管部门直接组织实施，办理实施征地方案的具体工作，确定征用土地补偿的具体方案。

征用土地公告的内容包括征用土地的批准机关、征用土地的目的及用途、征用土地的范围和面积、征用土地的补偿办法、原土地所有权人及使用权人等。公告的办法可以根据各地的不同情况决定，可以采用张贴公告的办法，也可采用广播、报纸、电视等工具予以公告。总之，要通过公告的办法使被征用土地单位和农民知道自己的土地已被征用，征用后的用途及自己将得到哪些方面的补偿或安置等，取得农民对征用土地的支持，防止征用土地中发生的侵害农民利益的行为，使农民的合法权益受到保护。

Q11 **征地补偿的原则是什么？**

征用土地的，按照被征用土地的原用途给予补偿。征用土地的补偿标准和补偿办法不因征用土地之后的用途的改变而改变，而是按照土地的原用途确定补偿标准和补偿数额。原来是耕地的按耕地的标准补偿，原来是林地的按林地的标准补偿，原来是未利用的荒山、荒地没有收益的，原则上不予补偿。对地上物补偿和拆迁也是一样，征用土地之前的地上物予以补偿，征用之后新增的地上物原则上不予补偿。对人员安置也是如此，对征用土地之前土地的使用者或承包经营者的人员予以安置，而对征用之后新增的人口或劳动力将不予以考虑。这是征用土地补偿的基本原则。

Q12 征地补偿费用有哪些？

《土地管理法》第四十七条：

■ 征收土地的，按照被征收土地的原用途给予补偿。

■ 征收耕地的补偿费用包括土地补偿费、安置补助费以及地上附着物和青苗的补偿费。征收耕地的土地补偿费，为该耕地被征收前3年平均年产值的6～10倍。征收耕地的安置补助费，按照需要安置的农业人口数计算。需要安置的农业人口数，按照被征收的耕地数量除以征地前被征收单位平均每人占有耕地的数量计算。每一个需要安置的农业人口的安置补助费标准，为该耕地被征收前3年平均年产值的4～6倍。但是，每公顷被征收耕地的安置补助费，最高不得超过被征收前3年平均年产值的15倍。

■ 征收其他土地的土地补偿费和安置补助费标准，由省、自治区、直辖市参照征收耕地的土地补偿费和安置补助费的标准规定。

■ 被征收土地上的附着物和青苗的补偿标准，由省、自治区、直辖市规定。

■ 征收城市郊区的菜地，用地单位应当按照国家有关规定缴纳新菜地开发建设基金。

■ 依照本条第二款的规定支付土地补偿费和安置补助费，尚不能使需要安置的农民保持原有生活水平的，经省、自治区、直辖市人民政府批准，可以增加安置补助费。但是，土地补偿费和安置补助费的总和不得超过土地被征收前3年平均年产值的30倍。

■ 国务院根据社会、经济发展水平，在特殊情况下，可以提高征收耕地的土地补偿费和安置补助费的标准。

（1）**土地补偿费**　土地补偿费是因国家征用土地对土地所有者和土地使用者对土地的投入和收益造成损失的补偿。补偿的对象包括土地所有权人和使用权人。征用耕地的土地补偿费标准为被征用耕地前 3 年平均年产值的 4 ~ 6 倍。

（2）**安置补助费**　安置补助费是为了安置以土地为主要生产资料并取得生活来源的农业人口的生活所给予的补助费用。征用耕地的安置补助费，按照需要安置的农业人口计算。需要安置的农业人口，按照被征用的耕地数量除以征地前被征用单位平均每人占有耕地的数量计算。就目前来讲，主要安置的应当是耕地的土地使用者或承包经营者，因征地使之终止了土地承包经营合同或土地使用权，应当由国家予以安置或发给安置补助费。其安置补助费的标准为该耕地前 3 年平均年产值的 4 ~ 6 倍，即按人均耕地产值 4 ~ 6 倍。安置补助费主要用于征用土地后农业人口的安置，因此，谁负责农业人口的安置，安置补助费就应该归谁。如果是农民自谋职业或自行安置的，安置补助费就应当归农民个人所有。每公顷征用耕地的安置补助费最高标准由原来的前 3 年平均年产值的 10 倍调整到 15 倍。

（3）**地上附着物补偿费**　地上附着物的补偿费，包括地上地下的各种建筑物、构筑物，如房屋、水井、道路、地上地下管线、水渠的拆迁和恢复费用，以及被征用土地上林木的补偿或砍伐费等，其具体标准由各省、自治区、直辖市规定。各省、自治区、直辖市在制定土地管理法实施办法时将予以明确规定。

（4）**青苗补偿费**　青苗补偿费，是指农作物正处于生长阶段而未能收获，因征用土地需要及时让出土地而致使农作物不能收获给农民造成损失，应当给予土地承包者或土地使用者以经济补偿。青苗补偿费的补偿标准，一般根据农作物的生长期按一季的产值予以计算，或按一季作物产值的一定比例予以补偿。具体的标准由各省、自治区、直辖市规定。

征用其他土地，包括征用耕地之外其他土地，如林地、草地、水域、建设用地等，也应当给予土地补偿费和安置补助费。其具体的标准由各省、自治区、直辖市参照征用耕地的土地补偿费和安置补助费标准规定。一般也应当按照被征用土地的平均年产值乘倍数的办法计算，有一些很难计算平均年产值的，则可以参照相似的土地确定具体的补偿标准。各省、自治区、直辖市将在制定土地管理法实施办法时作出具体的规定，或专门作出规定。

征用城市郊区的菜地，除按本法的规定缴纳土地补偿费、安置补助费、地上附着物补偿费和青苗补偿费外，还应当缴纳新菜地开发建设基金。这主要是为稳定城市郊区菜地面积，保证城市蔬菜供应，加强新菜地建设所采取的一项措施。关于征用菜地缴纳新菜地开发基金的办法，国务院有关部门已作出规定，按城市规模的大小，确定不同的收取标准。每征用 1 亩城市郊区菜地，城市人口 100 万以上，缴纳 7000 ~ 10 000 元；城市人口 50 万 ~ 100 万的市缴纳 5 000 ~ 7 000 元；城市人口 50 万人口以下的市缴纳 3 000 ~ 5 000 元。新菜田建设基金由城市人民政府收取，用于本市城市郊区菜地的开发建设。

Q13 征地补偿方案怎样实施？

《土地管理法》第四十八条：

■ 征地补偿安置方案确定后，有关地方人民政府应当公告，并听取被征地的农村集体经济组织和农民的意见。

《土地管理法》第四十九条：

■被征地的农村集体经济组织应当将征收土地的补偿费用的收支状况向本集体经济组织的成员公布，接受监督。

■禁止侵占、挪用被征收土地单位的征地补偿费用和其他有关费用。

（1）**征地补偿的方案**　方案包括：征用土地的面积、范围、地类、土地的所有权人和使用权人（或承包经营权人），征地补偿标准的具体计算办法，补偿的总费用和每个土地所有权人和使用权人的补偿费的数额；地上附着物的种类、数量、补偿的具体标准和地上物所有权人补偿费的数额；青苗补偿的标准和每个土地使用权人（或承包经营权人）应得的补偿费数额；各项费用的支付办法等。征地后农业人口的安置方案包括征地安置农业人口的计算办法、安置者的姓名、安置的方式、安置方案的实施步骤和组织实施的单位等。具体方案由当地县、市人民政府土地行政主管部门经过调查、核实后与有关单位协商制订。

（2）**方案予以公告**　地方人民政府应当将征地补偿和安置方案在当地予以公告。公告的方式应当使被征地单位的农民和农村集体经济组织都能了解征地补偿和安置方案的具体内容。公告的内容要具体、详细，使征用土地涉及的土地所有权人和使用权人都能明白征用土地对自己造成的影响和得到的相应补偿的数量。对政府确定的方案有异议的可以提出意见和要求。

（3）**听取意见**　有关人民政府应当听取被征地的农村集体经济组织和农民的意见。因征地的补偿和安置直接涉及被征用土地的农村集体经济组织和农民的利益，应当听取他们的意见，对农村集体经济组织和农民提出的合理意见和建议应当采纳，以完善征用土地的补偿和安置方案。

（4）**完善方案** 对征地方案予以公告，听取被征地的农村集体经济组织和农民的意见，向农村集体经济组织和农民宣传国家征地的有关规定，有利于更好地完善征地方案，切实保护农民的利益，及时解决因征地给农民带来的困难；是我国土地管理工作中实行民主决策的重要部分，有利于提高征地及补偿安置工作的透明度，防止少数干部和政府工作人员营私舞弊。

（5）**征地补偿费使用** 征用土地的土地补偿属于农村集体经济组织所有，应当由农村集体经济组织或村民委员会负责管理，用于被征地单位的生产发展、安置被征地后的农民。县、乡政府直接管理和使用土地补偿费是不合法的。但是，乡级人民政府可以对征地补偿费的管理和使用情况进行监督，帮助他们建立征地补偿费管理和使用制度，防止农村集体经济组织和村民委员会中的个别领导乱占滥用征地补偿费。

征用土地的补偿费的使用情况必须向本集体经济组织的成员公布，定期公布征用土地补偿的数额、使用情况及收入和支出情况，本集体经济组织的成员有权监督和了解征地费的使用及收支状况，对不合理的使用征地补偿费有权提出改正意见，以防止少数人贪污、挪用和乱用征地补偿费。这是在农村实行征地费管理和使用民主决策的有效办法。

禁止侵占、挪用被征地单位的征地补偿费和其他费用。按本法规定征地补偿费包括土地补偿费、安置补助费、青苗补偿费和地上附着物补偿费；其他费用是指征地中除上述 4 项费用之外的费用，这根据具体的征地中涉及项目的不同而不同，如造成企业停产的损失补偿费，耕地的水利设施恢复费等。这都由农村集体经济组织或农民个人所有，除此之外的任何单位和个人侵占、挪用征地补偿费和其他费用都是违法行为，都是不能允许的。

（四）宅基地

Q14 如何申请宅基地？

《土地管理法》第六十二条：

■农村村民一户只能拥有一处宅基地，其宅基地的面积不得超过省、自治区、直辖市规定的标准。

■农村村民建住宅，应当符合乡（镇）土地利用总体规划，并尽量使用原有的宅基地和村内空闲地。

■农村村民住宅用地，经乡（镇）人民政府审核，由县级人民政府批准；其中，涉及占用农用地的，依照本法第四十四条的规定办理审批手续。

■农村村民出卖、出租住房后，再申请宅基地的，不予批准。

（1）**申请条件**　农村居民符合下列条件之一的可以申请使用宅基地建房：①居住拥挤，宅基地面积少于规定的限额标。②确实要分居分家的农户，分家后无宅基地的，可以申请新的宅基地建房。③规划新村、镇后需要安排宅基地的农户。④批准回乡定居的职工、离退休干部、复员退伍军人，以及回乡定居的华侨、侨眷、港澳台同胞等非农业户口人员，需要使用集体所有的土地建住宅的，应当按照农村村民申请建房用地的规定办理。⑤原有宅基地被依法征用的。⑥县级以上人民政府规定的其他条件。

将无法再次申请宅基地的情形：①以前是农村户口，但是之后户口转成了城镇户口后，这类人虽然还在农村生活，但是无法在村里申请宅基地。②虽然是农村户口，但是外嫁之后并不属于村集体的成员，这类人也无法在原村申请宅基地。外嫁到另一个村集体后，只能在所属村集体中申请宅基地。③农村居民，将自己原先的土地转租或者出手了，最后由于各种原因丧失了土地所有权，如果再次去申请宅基地也无法通过。④农村宅基地，必须按照一户一宅的原则确定。如果一户多宅的农民，想要再次申请宅基地，也不会通过。

（2）申请程序 宅基地申请主要有 5 个步骤。

> 建房户首先向所在地村农村集体经济组织或村民委员会提出建房申请

> 经村民代表会议或村民会议讨论通过后，按规定办理批准手续

> 占用原有宅基地、村内空闲地等非耕地的报乡镇人民政府审核；占用耕地的，由乡镇人民政府审核，经县人民政府土地管理部门审查同意，报县人民政府批准

> 由乡镇土地管理所按村镇规划定点划线，准许施工

> 房屋竣工后，经有关部门检查验收符合用地要求的，发给集体土地使用证

Q15 宅基地发生变更的情况是怎样的？

宅基地使用权不得单独转让，有下列转让情况，应认定无效：城镇居民购买；法人或其他组织购买；转让人未经集体组织批准；向集体组织成员以外的人转让；受让人已有住房，不符合宅基地分配条件。

宅基地使用权的转让必须同时具备以下条件：转让人拥有2处以上的农村住房（含宅基地）；同一集体经济组织内部成员转让；受让人没有住房和宅基地，符合宅基地使用权分配条件；转让行为征得集体组织同意；宅基地使用权不得单独转让，地随房一并转让。

Q16 宅基地的使用权是否可以继承？

宅基地是农民基于集体经济组织成员身份而享有的用于修建住宅的集体建设用地，农民无须交纳任何土地费用即可取得，是一种福利性质的，一般来讲不能继承。但宅基地上建成的房屋则属于公民个人财产，可以继承。我国土地使用权和房屋所有权分离，以及户籍二元制度，由此在继承问题上发生较多纠纷，但实际上是易于理清的。宅基地使用权经农民申请取得，农村宅基地的使用权是不能通过继承所得的。

①如果继承人是本集体经济组织成员，符合宅基地申请条件的，可以经批准后取得被继承房屋及其宅基地的使用权；如果不符合宅基地申请条件，则可以将房屋卖给本村其他符合申请条件的，若不愿出卖，则该房屋不得翻建、改建、扩建，待处于不可

居住状态时，宅基地由集体经济组织收回。

②如果是城镇居民，比照上述不符合宅基地申请条件的情形处理。也就是说，按照法律规定的"地随房走"的原则，城镇居民可以基于房屋所有权而继续使用宅基地，但是不得进行翻建、改建、扩建等。城镇居民继承的只能是农村宅基地上的房屋，而对支撑此房屋的宅基地是不可以作为遗产继承的。

③宅基地拆迁补偿与继承。农村宅基地房屋的拆迁补偿可以分为两种：一种是对地上建筑物的补偿，地上建筑物，也就是房屋所有权是归产权人所有的，作为父母的遗产，无论户口在哪里，子女都有权继承；另外一种是对宅基上土地使用权的补偿，土地的使用权并不属于遗产部分，所以不能继承。

④建婚房的问题。一方父母在宅基地上建房为子女结婚居住使用，如果房屋是以子女的名义报建的，该屋能否作为子女的夫妻共同财产，主要看房屋是在子女婚前建造还是婚后建造。如果是婚前建造，一般视为对子女个人的赠与，子女的配偶无权分割。若是婚后建造，一般视为对子女夫妻双方的赠与，该房屋为子女的夫妻共同财产。如果双方另有约定的除外。

Q17 宅基地确权的情形和流程是什么？

（1）农民失去房屋所有权的情况

①农民在农田上建房，而未经城建规划局许可的属于违章建筑。

②空闲或房屋坍塌、拆除 2 年以上未恢复使用的。

③家庭成员又组建了新的家庭，另申请了别的宅基地。

④除继承和分居立户外，农户一户宅基地超过一处以上的。

⑤申请宅基地建房的时候没有登记的家庭成员。

⑥将户口迁走的人，已经不是本村的成员。

⑦因拆迁或原住宅依法被征收，已依法进行统一安置或补偿的。

⑧村集体以外的人员（如城镇居民）购买的本村宅基地或建房，在确权时，合同当属无效。

（2）宅基地面临回收的情形

①政府征用　在有的特殊情况下，政府会进行基础设施建设，如修路、修建筑物。这样的宅基地在政府征用后，自然是会被回收，但政府也会给予相应的补偿。

②乱建宅基地、一户多宅　宅基地的建筑范围是在村集体划分的范围内，而不在规定范围内的宅基地是视为非法的，对这种乱建的宅基地是会被回收的。根据土地确权的原则，一户中能有一个宅基地，尽管有多的宅基地，但只会对其中一个宅基地进行确权。

③村里五保户遗留的宅基地　村里五保户的宅基地由于没有子女来继承，所以他的宅基地将会被村集体回收。

④被废弃的宅基地　由于城镇化的不断推进，越来越多的农村人进到城市打工，导致农村土地的荒废。为了资源的合理回收利用，政府将会回收这一部分的土地，也会对房主进行相应的补偿。

⑤城市户口居民继承的在农村的宅基地　众所周知，农村的宅基地不能继承给城镇户口的居民。虽然能够继承农村宅基地上的房屋，但土地不能。等到房屋被毁坏后，村集体将会对宅基地进行回收。

⑥城镇居民违规购买的宅基地　在现行的农村土地制度的规定下，宅基地不能被交易给非农村居民的人。因此，城镇居民购买的宅基地将会被面临回收。

（3）农村宅基地确权登记发放流程

①申报 凡是拥有宅基地的土地使用权人，须领取由土地部门统一印发的《农村宅基地使用权申报登记表》，以户为单元，每宗宅基地填写一份。

村民使用的宅基地，必须提交由经济社、村民委员会二级经济组织及镇政府出具的土地权属来源证明。然后由调查组负责收集申报材料并上交土地管理部门对权属进行审核。

②权属调查 国土部门根据土地使用权人的申请，对宅基地范围、界线、界址、权属性质、用途等情况进行实地调查、记录并经相邻各方认定，填写宅基地地籍调查表，绘制宗地草图，为地籍测量作准备。

在宅基地调查过程中，本宗地使用者和相邻地使用者应在通知规定的时间内到场共同指界，对双方共同确认的用地界线和界址点进行签名、盖章，如不能参加指界的，应书面委托代理人出面指界。

③审核与公告 经土地行政主管部门审核，对认为符合登记要求的宗地进行公告，公告内容主要包括土地使用者的名称、地址、准予登记的土地权属性质、面积、坐落、四至范围等。

④审批 公告期满，土地权利者及其他土地权益有关者对土地登记审核结果未提出异议的，在农村宅基地使用权登记审批表上签署同意登记发证的意见，由市（县）人民政府领导签章，并加盖市（县）人民政府土地登记专用章。

⑤登记注册 根据农村宅基地登记审批表结果，以宗地（宅基地）为单位逐项填写土地（宅基地）登记卡、土地（宅基地）归户卡及土地证书，并由登记人员和土地行政主管部门主管领导分别在两卡上签字。

案例 1　宅基地不是想买就能买

案情简述

2003年，米东区古牧地镇大破城村村民王天堂经大破城村村民委员会批准，在本村取得405平方米的宅基地一处。第二年，王天堂在这片宅基地上建了两间砖木结构的房屋，并垒了围墙。2007年10月3日，急需用钱的王天堂与宁夏来疆人员马志刚签订一份《房屋买卖协议》，协议约定：王天堂将自有的宅院及两间砖木结构房屋转让给马志刚，转让价4万元。当天，马志刚向王天堂支付了4万元转让款，王天堂交付了房屋及宅院。

之后，马志刚在该宅基地上修建了三间砖混结构房屋，并一直居住至2015年初。

2015年3月，王天堂向米东区人民法院起诉，要求确认其2007年与马志刚签订的《房屋买卖协议》无效，并要求返还争议房屋及院落。王天堂与马志刚签订《房屋买卖协议》已经7年多，并且双方也已实际履行了协议。王天堂7年前转让住房和宅院的行为是否有效呢？马志刚是否应当返还争议的房屋和院落？法庭上，双方争执不下。

米东法院一审后，判决马志刚与王天堂签订的《房屋买卖协议》无效，马志刚返还王天堂诉争房屋及院落。案件进入执行阶段后，法官多次找到王天堂做工作。最终，王天堂对马志刚表示内疚和歉意，并自愿一次性向马志刚补偿56万元，双方达成执行和解。

以案释法

对老百姓而言，房屋是安身立命最重要的资产。近年来，乌鲁木齐城市近郊的农村房屋私下交易日益增多。有些人在法律不允许买卖过户的情况下"凭信誉"完成宅院和房屋交易。在房价上涨、土地征迁补偿高涨的情况下，有些出卖方为了获取更大的经济利益而反悔，导致纠纷不断增多。

马志刚一家购买房产后，已居住7年多，生产生活都趋于安定，如果判决返还房屋，就是支持不诚信行为，马志刚一家也难以接受；如果法院支持了出尔反尔的王天堂，有人会认为法院支持了"坏人"。

审理此案的法官说，本案中原告、被告所签订的《房屋买卖协议》的标的物不仅是房屋，还包括相应的宅基地使用权。宅基地使用权是农村集体经济组织成员享有的权利，本集体组织外的人员无权取得，马志刚是外来人员，不是该集体经济组织成员，不能受让诉争的宅基地，故原告、被告签订的《房屋买卖协议》无效。合同被确认无效后，被告可要求原告返还因合同取得的财产，并可要求有过错方予以赔偿。

（资料来源：4万卖掉宅基地56万"赎"回来[N]．法制日报，2015-07-05）

案例 2　征地补偿款

案情简述

原告李某于1978年1月出生于永兴县便江镇某村民小组，其户口也登记在该村民小组。2000年，李某考入首都师范大学，户口也随之迁往首都师范大学，成为非农业人口，2004年毕业后随即将户口迁回原籍，但户口性质仍为非农业人口。原告李某毕业后在原籍与其父母一起生活。在乡下生活期间，原告一直积极参与捐修公路、义务帮工"抬棺材"等村中事务。2012年，因建设市民服务中心项目工程，永兴县征地拆迁事务中心征收了碧塘村古头冲组的部分田、土、山，补偿给了该村民小组征地补偿款 1667943 元，但在分配土地征收补偿款时，村民小组的村民认为原告李某为非农业人口，不具有农村集体土地承包经营权，通过集体决议，将原告李某排除在补偿款分配名单之外。原告李某多次找所在村民小组协商未果，遂诉至法院。

以案释法

原告李某因出生而取得被告村组集体经济组织成员资格，考入高等院校后，户口迁出，2004 年返乡之后，将户口从学校迁回原籍，与家庭共同经营承包的土地，并履行了村民义务，基本生活保障仍然是由其原集体经济组织提供，农民的身份没有改变。因此，原告李某的集体经济组织成员资格并未丧失，依法享有土地承包经营权，理所应当享受本集体经济组织成员的待遇，有权分得土地补偿款。

（资料来源：孙才涛. 农村征地补偿及土地承包维护权法律手册 [M]. 北京：中国政法大学出版社，2015：18）

案例 3　土地用途

案情简述

老王在本村承包了 20 亩耕地，由于耕地靠近公路，交通十分方便。于是老王就想在自己的耕地上建设一个水果加工站，到时候收购村里的水果然后靠近公路卖出去。但是，正当他在建设好水果加工站等着营业时，县里的执法检查队来了，要求他将新建的水果加工站拆除，缴纳罚款，说这是违法建筑，破坏耕地。老王非常的纳闷，在自家的耕地上盖房子咋会违法呢？最后他向乡政府进行咨询，乡政府的工作人员告诉他，随便更改耕地的用途的确是违法的。

以案释法

依照我国法律政策，耕地受到严格的保护，不要在耕地上建窑、建坟、挖沙、采石等，也不允许占用基本农田来种植果树、开挖鱼塘等，保护并且合理利用耕地资源是我们每个人的义务。如果在耕地上搞非农建设，是要受到处罚的，对此，我国法律都作了明确的规定。即使是国家为了公共利益需要在耕地上搞建设，也是需要经过严格的征用手续的。所以承包耕地的农户是不能自己随便的就改变土地用途的。事例中，老王为了经济利益的考虑，在自己的承包地上建设了厂房，是违反我国的法律的。所以，他最后受到了应有的惩罚。

（资料来源：孙才涛. 农村征地补偿及土地承包维护权法律手册［M］. 北京：中国政法大学出版社，2015：100）

农业生产和生产资料管理

（一）农业生产经营体制

Q1 有关农业生产经营体制的法律有什么？

《宪法》第八条第一款：

■农村集体经济组织实行家庭承包经营为基础、统分结合的双层经营体制。

《农业法》第十条第一款：

■国家实行农村土地承包经营制度，依法保障农村土地承包关系的长期稳定，保护农民对承包土地的使用权。

Q2 家庭承包经营的影响和意义是什么？

家庭联产承包责任制是 20 世纪 80 年代初期在中国大陆农村推行的一项重要改革，是农村土地制度的一次转折。十一届三中全会以来实行改革开放，而改革最早始于农村改革，农村改革的标志为"包产到户"，即后来被称为"家庭联产承包责任制"，俗称"大包干"。该项制度在一定阶段内激发了农村的活力，但随着改革的深入推进，需要适时进一步变革生产关系，从而代表更高的生产力的发展要求。

（1）积极意义 家庭联产承包责任制，改变了我国农村旧的经营管理体制，解放了农村生产力，调动了广大农民的生产经营积极性。

①就全国来说，农业发展水平比较低，主要是手工劳动，因

此不适合大规模的经营，而将经营的单位划小到家庭，同这种手工劳动的生产水平相适应。

②原来那种大规模经营下的集体劳动（改革前农村以生产队为基本生产经营单位，农民评工记分年终分配）对每个人的劳动数量、质量很难准确统计，因而必然是平均主义的"大锅饭"，而以家庭为经济单位可克服干多干少一个样的平均主义。

③农业生产的劳动对象是动物、植物等生命体，劳动对象的这种特性要求劳动者有更强的责任心，以家庭为经营单位有助于这种要求的实现。所以，家庭联产承包责任制使农业生产和农村经济得以蓬勃发展。

（2）消极影响

①家庭分散经营，经营规模过小，难以形成规模经济效益　中国自在农村推行家庭联产承包责任制以来，农村社会生产力迅速发展，农村面貌发生了翻天覆地的变化。但是随着市场经济在中国的深入发展，家庭联产承包责任制本身的局限性逐步显现出来。现代社会的许多生产经营活动，其收益都是与规模经济密切相关的。规模经济是假定在技术水平不变的条件下，在生产经营活动中，生产要素配置同比例增加引起的超额收益增量。农业的适度规模经营，是指与一定的农业生产技术相适应，在保证提高土地生产率的前提下，使农户经营的耕地面积得到适度扩张，从而使从事专业化农业生产的农民取得规模经济收益，收入水平与其他行业同等劳动力的收入水平基本持平。我国家庭联产承包责任制，土地按人口平均分配，各种质量的土地均匀搭配。20 世纪 80 年代中期，平均每户所承包的土地只有 8.35 亩。到了 90 年代中期，我国农户平均拥有的土地下降到 6 亩，户均承包土地 9 ~ 10 块，有 1/3 的省、市人均耕地不足 1 亩。如此细小分散的农田结构，

耕作经营十分不便，农民无法进行大规模的投入，农业技术进步的成果无法体现出来。而且由于每户的农田分散，给日常的经营管理造成很多麻烦，浪费了很多人力。这一切都导致我国农业的规模经济效益根本无法显现出来。

②农民不能自由处置土地，限制了农民的择业自由　我国农村实行的是集体经济制度，农村的土地属于集体所有，农民对土地只有使用权，没有所有权。因此农民没有对土地的自由处置权。农民不能自由处置土地，一方面限制了农田的规模化经营，另一方面限制了农民的生产积极性及其选择谋生方式的自由。农民经常处于自己耕种，可是收入太少，完全抛荒又有点可惜，同时怕被集体处罚或者收回，所以有很多地方出现由妇幼老弱耕种的现象，只是对较好较近的土地进行管理，把经营土地当成了义务，目的只是保留对承包的土地应有的那点权利。有的农民则为了保留对承包土地的权利，徘徊在留守耕地与外出择业之间。因此，土地是处于半充分利用，甚至许多地方都出现了大片的田地被荒芜的现象，一定程度上也限制了农民的自由择业。

③农村基础设施难以建设，农业生产长期高成本　在我国的农村集体经济中，农田水利等基础设施的建设是靠集体组织来进行的。因为一方面农户个体能力有限，无力单独进行大规模的基础设施建设；另一方面农村基础设施属于公共产品，在公有制下，由私人建设不符合经济学原理。但是，由于实行家庭联产承包责任制，对农村中诸如农田水利基础设施、道路等公共产品的建设，起到的阻碍甚至破坏的作用不可忽视。如一条水渠自上而下，水渠的产权归集体所有，具体为能够从该水渠中得到灌溉利益的农户共同所有，产权主体不具体。因此，处于上游田块的农户为了自身的利益最大化，往往会破坏水渠的规划设计，私自破渠灌溉

（公地悲剧），从而造成了对农村中公共产品的破坏。另一方面，对于农村中需要修建的上述等公共产品，却因占用土地的问题难以解决或解决的成本过高而无法实施。农村中的公共产品长期建设不足，甚至已建的公共产品遭到破坏，直接导致农业生产长期的高成本。

④家庭小块田地分散经营，不利于农业科技水平的提高 现代农业的发展以及农业的现代化离开了农业科学技术的进步是寸步难行的。在农业发达国家，其农业的发展大都充分考虑了科技成果在农业中的推广，它们充分利用新的科学技术，发展农村的灌溉事业，普及机械化，推广生物技术和改进耕作方法，使其农业生产率大幅度提高。我国由于是家庭分散经营，每家每户分得的土地极其有限，每户的总产量不高，在当前的农产品购销政策下，主要农产品比较收益低。农民一方面是缺乏积累和扩大再生产的能力，难以进行更大更多的技术改造；另一方面我国农民也缺乏提高农业科技水平的动力。因为每家每户土地有限，只要靠部分劳动力或劳动时间就可以耕种，不需要普遍使用机器等新技术，也不便普遍采用机械化耕种，因为小块土地分割阻碍了机械化的推广。

⑤家庭小块田地分散经营，增加了农业生产的管理成本 实行家庭联产承包责任制，农户有了对自己生产活动的自由安排权，同一地区农作物在耕作时间上虽总体上一致，但也有前后的差别。而恰是这种前后的差别，就会导致农作物的生产、管理成本增加。例如，在农作物病虫害防治方面，由于有的病虫害具有扩散性和流动性，先耕种的田块可能先发生，也首先进行了防治，但先发生病虫害的可能已感染了后耕种的田块，后发病虫害的又会继续感染已经防治过的田块，所以只有继续且加大防治，直到农

作物成熟。这样反复多次，导致了生产的成本增加，也导致农产品农药残留高，品质下降，相对收入减少。另外，实行家庭联产承包责任制，许多地方为了做到平等，分配土地实行"远、近插花""好、中、差搭配"，土地碎化分散。而且，因为经营权到户，农户经营权不受外来干涉，每个农户中，随着儿女长大分居，同时也要对本户经营的土地经营权进行分配，因此，土地进一步碎化。农民在这样细小的土地上耕作，必然增加许多时间成本，从而导致总成本的增加。

⑥农村家庭联产承包责任制的土地制度缺乏规范化的法律保障，制约了农民通过经营土地提高收入的能力　土地使用权没有一定的法律规范，土地使用权的主体、地位、界限、获取与转让的法律程序、法律形式及法律保护手段都没有明确的法律规定。家庭联产承包责任制推行以来，土地使用权长期作为一种政策规定在运行，而不是作为一种法律规定在操作。地方政府部门随意调整农民承包的土地，缩短承包期限，中止承包合同，收回农户承包地高价发包，非法征用农地等侵害农民土地使用权的事件时有发生。农民对土地占有和使用不稳定，导致农民缺乏对土地进行长期投资的热情，土地经营短期化行为不可避免，土地资源处于掠夺式经营中，这种缺乏投资的土地，必然导致农业产业化经营的生产条件无法改善，科技含量低，农业生产力无法提高，农民收入增长缓慢。

⑦家庭联产承包责任制，不能适应市场经济发展的需要　市场化是农业产业化经营的基本特征之一，但家庭联产承包责任制所推行的土地经营分散化，难以协调农户在商品生产经营中的利益矛盾，难以克服分散农户在商品生产中的盲目性，经常会出现"跟风农业"现象，风一来，农户盲目跟进，生产供大于求，价格

下跌，产品难销。力不从心的分散农户经营个体，得不到市场上供求的准确信息，使农业生产经营经常处于一种不稳定的震荡之中。同时，家庭经营的规模过小，专业化程度低，使农民也没有多少产品进入市场，即使进入市场的农产品，其交易方式也是分散成交，加大了市场交易的成本。

Q3 合作经济的组织原则是什么？

（1）国家鼓励合作经济　《宪法》第八条：

■ 农村中的生产、供销、信用、消费等各种形式的合作经济，是社会主义劳动群众集体所有制经济。参加农村集体经济组织的劳动者，有权在法律规定的范围内经营自留地、自留山、家庭副业和饲养自留畜。

■ 城镇中的手工业、工业、建筑业、运输业、商业、服务业等行业的各种形式的合作经济，都是社会主义劳动群众集体所有制经济。

■ 国家保护城乡集体经济组织的合法的权利和利益，鼓励、指导和帮助集体经济的发展。

《农业法》第十一条第一款：

■ 国家鼓励农民在家庭承包经营的基础上自愿组成各类专业合作经济组织。

《农业法》第十三条：

■ 国家采取措施发展多种形式的农业产业化经营，鼓励和支持农民和农业生产经营组织发展生产、加工、销售一体化经营。

■ 国家引导和支持从事农产品生产、加工、流通服务的企业、科研单位和其他组织，通过与农民或者农民专业合作经济组织订立合同或者建立各类企业等形式，形成收益共享、风险共担的利益共同体，推进农业产业化经营，带动农业发展。

（2）**合作经济的组织原则** 农业合作经济组织实行自愿、民主的原则，民主管理，服务成员，形成农民和合作经济组织之间风险共担、收益共享的利益共同体，推动农业产业化的发展。

《农业法》第十一条第二款：

■ 农民专业合作经济组织应当坚持为成员服务的宗旨，按照加入自愿、退出自由、民主管理、盈余返还的原则，依法在其章程规定的范围内开展农业生产经营和服务活动。

《农业法》第十二条：

■ 农民和农业生产经营组织可以自愿按照民主管理、按劳分配和按股分红相结合的原则，以资金、技术、实物等入股，依法兴办各类企业。

（二）农民专业合作社

Q4 农民专业合作社的性质与原则是什么？

（1）**性质** 农民专业合作社是互助性经济组织，且具有法人资格。

《中华人民共和国农民专业合作社法》（以下简称《农民专业合作社法》）第二条第一款：

■ 农民专业合作社是在农村家庭承包经营基础上，同类农产品的生产经营者或者同类农业生产经营服务的提供者、利用者，自愿联合、民主管理的互助性经济组织。

《农民专业合作社法》第四条第一款：

■农民专业合作社依照本法登记，取得法人资格。

（2）原则 《农民专业合作社法》第三条：

■农民专业合作社应当遵循下列原则：

- 成员以农民为主体；
- 以服务成员为宗旨，谋求全体成员的共同利益；
- 入社自愿、退社自由；
- 成员地位平等，实行民主管理；
- 盈余主要按照成员与农民专业合作社的交易量（额）比例返还。

Q5 农民专业合作社是如何设立的？

（1）设立条件 《农民专业合作社法》第十条：

■设立农民专业合作社，应当具备下列条件：

- 有5名以上符合本法第十四条、第十五条规定的成员；
- 有符合本法规定的章程；
- 有符合本法规定的组织机构；
- 有符合法律、行政法规规定的名称和章程确定的住所；
- 有符合章程规定的成员出资。

（2）设立程序

①召开设立大会 《农民专业合作社法》第十一条：

■设立农民专业合作社应当召开由全体设立人参加的设立大会。设立时自愿成为该社成员的人为设立人。

■设立大会行使下列职权：

- 通过本社章程，章程应当由全体设立人一致通过；

- 选举产生理事长、理事、执行监事或者监事会成员；
- 审议其他重大事项。

②通过合作社章程 章程由设立大会全体设立人一致通过，章程应载明的事项包括：名称和住所；业务范围；成员资格及入社、退社和除名；成员的权利和义务；组织机构及其产生办法、职权、任期、议事规则；成员的出资方式、出资额；财务管理和盈余分配、亏损处理；章程修改程序；解散事由和清算办法；公告事项及发布方式；需要规定的其他事项。

③设立登记 合作社应向工商行政管理部门申请设立登记。申请设立登记需提交的材料包括：登记申请书；全体设立人签名、盖章的设立大会纪要；全体设立人签名、盖章的章程；法定代表人、理事的任职文件及身份证明；出资成员签名、盖章的出资清单；住所使用证明；法律、行政法规规定的其他文件。

④办理期限、费用 《农民专业合作社法》第十三条：

■登记机关应当自受理登记申请之日起 20 日内办理完毕，向符合登记条件的申请者颁发营业执照。

■农民专业合作社法定登记事项变更的，应当申请变更登记。

■农民专业合作社登记办法由国务院规定。办理登记不得收取费用。

Q6 合作社成员有哪些权利与义务？

（1）权利 《农民专业合作社法》第十六条：

■农民专业合作社成员享有下列权利：

- 参加成员大会，并享有表决权、选举权和被选举权，按照章程规定对本社实行民主管理；

- 利用本社提供的服务和生产经营设施；
- 按照章程规定或者成员大会决议分享盈余；
- 查阅本社的章程、成员名册、成员大会或者成员代表大会记录、理事会会议决议、监事会会议决议、财务会计报告和会计账簿；
- 章程规定的其他权利。

《农民专业合作社法》第十七条：

■ 农民专业合作社成员大会选举和表决，实行一人一票制，成员各享有一票的基本表决权。

■ 出资额或者与本社交易量（额）较大的成员按照章程规定，可以享有附加表决权。本社的附加表决权总票数，不得超过本社成员基本表决权总票数的 20%。享有附加表决权的成员及其享有的附加表决权数，应当在每次成员大会召开时告知出席会议的成员。

■ 章程可以限制附加表决权行使的范围。

（2）义务　《农民专业合作社法》第十八条：

■ 农民专业合作社成员承担下列义务：

- 执行成员大会、成员代表大会和理事会的决议；
- 按照章程规定向本社出资；
- 按照章程规定与本社进行交易；
- 按照章程规定承担亏损；
- 章程规定的其他义务。

Q7　合作社有哪些组织机构？

（1）成员大会　成员大会是农民专业合作社的权力机构，由本社的全体成员组成。成员超过 150 人的，可以按照章程规定设立成员代表大会。成员代表大会按照章程规定可以行使成员大会的部分或者全部职权。

①成员大会的职权 一是修改章程；二是选举和罢免理事长、理事、执行监事或者监事会成员；三是决定重大财产处置、对外投资、对外担保和生产经营活动中的其他重大事项；四是批准年度业务报告、盈余分配方案、亏损处理方案；五是对合并、分立、解散、清算作出决议；六是决定聘用经营管理人员和专业技术人员的数量、资格和任期；七是听取理事长或者理事会关于成员变动情况的报告；八是章程规定的其他职权。

②成员大会的召开 召开成员大会，出席人数应当达到成员总数的 2/3 以上，成员大会选举或者作出决议，应当由本社成员表决权总数过半数通过；作出修改章程或者合并、分立、解散的决议应当由本社成员表决权总数的 2/3 以上通过。章程对表决权数有较高规定的，从其规定。

成员大会每年至少召开一次，会议的召集由章程规定。但有以下情况发生时，应当在 20 日内召开临时成员大会：30% 以上的成员提议；执行监事或者监事会提议；章程规定的其他情形。

（2）理事长 理事长是农民专业合作社的法定代表人。合作社可以设立理事会、执行监事或者监事会。理事长、理事、经理和财务会计人员不得兼任监事。

理事长或者理事会可以按照成员大会的决定聘任经理和财务会计人员，理事长或者理事可以兼任经理。经理按照章程规定或者理事会的决定，可以聘任其他人员。

《农民专业合作社法》第二十九条：

■农民专业合作社的理事长、理事和管理人员不得有下列行为：

●侵占、挪用或者私分本社资产；

- 违反章程规定或者未经成员大会同意，将本社资金借贷给他人或者以本社资产为他人提供担保；
- 接受他人与本社交易的佣金归为己有；
- 从事损害本社经济利益的其他活动。

■理事长、理事和管理人员违反前款规定所得的收入，应当归本社所有；给本社造成损失的，应当承担赔偿责任。

（三）农业生产资料管理

Q8 什么是假、劣种子？

《中华人民共和国种子法》（以下简称《种子法》）第二条第二款：

■本法所称种子，是指农作物和林木的种植材料或者繁殖材料，包括籽粒、果实、根、茎、苗、芽、叶、花等。

在我国境内从事品种选育、种子生产经营和管理等活动时所涉及的"种子"即适用《种子法》的规定。主要农作物是指稻、小麦、玉米、棉花、大豆。

《种子法》第四十九条：

■禁止生产经营假、劣种子。农业、林业主管部门和有关部门依法打击生产经营假、劣种子的违法行为，保护农民合法权益，维护公平竞争的市场秩序。

■下列种子为假种子：

- 以非种子冒充种子或者以此种品种种子冒充其他品种种子的；

● 种子种类、品种与标签标注的内容不符或者没有标签的。

下列种子为劣种子：

● 质量低于国家规定标准的；

● 质量低于标签标注指标的；

● 带有国家规定的检疫性有害生物的。

Q9 种子生产经营许可证有哪些内容？

（1）许可证的类型　根据《种子法》的规定，种子的生产经营实行许可证制度，依据许可证审核核发的差异，需要办理生产许可证的主要分为3种类型：省级部门审核、国家核发；县级部门审核、省级核发；县级以上部门核发。

①种子进出口业务类型　《种子法》第三十一条第一款：

■从事种子进出口业务的种子生产经营许可证，由省、自治区、直辖市人民政府农业、林业主管部门审核，国务院农业、林业主管部门核发。

②主要农作物、林木等类型　《种子法》第三十一条第二款：

■从事主要农作物杂交种子及其亲本种子、林木良种种子的生产经营以及实行选育生产经营相结合，符合国务院农业、林业主管部门规定条件的种子企业的种子生产经营许可证，由生产经营者所在地县级人民政府农业、林业主管部门审核，省、自治区、直辖市人民政府农业、林业主管部门核发。

③其他类型　《种子法》第三十一条第三款：

■前两款规定以外的其他种子的生产经营许可证，由生产经营者所在地县级以上地方人民政府农业、林业主管部门核发。

④不需办理许可证的类型　《种子法》第三十一条第四款：

■只从事非主要农作物种子和非主要林木种子生产的，不需要办理种子生产经营许可证。

《种子法》第三十七条：

■农民个人自繁自用的常规种子有剩余的，可以在当地集贸市场上出售、串换，不需要办理种子生产经营许可证。

（2）**许可证的申请条件** 《种子法》第三十二条：

■申请取得种子生产经营许可证的，应当具有与种子生产经营相适应的生产经营设施、设备及专业技术人员，以及法规和国务院农业、林业主管部门规定的其他条件。

■从事种子生产的，还应当同时具有繁殖种子的隔离和培育条件，具有无检疫性有害生物的种子生产地点或者县级以上人民政府林业主管部门确定的采种林。

■申请领取具有植物新品种权的种子生产经营许可证的，应当征得植物新品种权所有人的书面同意。

（3）**许可证的内容** 《种子法》第三十三条第一款：

■种子生产经营许可证应当载明生产经营者名称、地址、法定代表人、生产种子的品种、地点和种子经营的范围、有效期限、有效区域等事项。

■前款事项发生变更的，应当自变更之日起 30 日内，向原核发许可证机关申请变更登记。

（4）**生产经营者权利义务**

①**应当建立生产经营档案** 种子生产经营者应当建立和保存包括种子来源、产地、数量、质量、销售去向、销售日期和有关责任人员等内容的生产经营档案，保证可追溯。种子生产经营档案的具体载明事项，种子生产经营档案及种子样品的保存期限由国务院农业、林业主管部门规定。

②依法自愿成立种子行业协会 种子生产经营者依法自愿成立种子行业协会，加强行业自律管理，维护成员合法权益，为成员和行业发展提供信息交流、技术培训、信用建设、市场营销和咨询等服务。

③质量认证标识 种子生产经营者可自愿向具有资质的认证机构申请种子质量认证。经认证合格的，可以在包装上使用认证标识。

④生产经营者赔偿 种子使用者因种子质量问题或者因种子的标签和使用说明标注的内容不真实，遭受损失的，种子使用者可以向出售种子的经营者要求赔偿，也可以向种子生产者或者其他经营者要求赔偿。赔偿额包括购种价款、可得利益损失和其他损失。属于种子生产者或者其他经营者责任的，出售种子的经营者赔偿后，有权向种子生产者或者其他经营者追偿；属于出售种子的经营者责任的，种子生产者或者其他经营者赔偿后，有权向出售种子的经营者追偿。

Q10 种子监管办法是什么？

对种子质量的监督管理应依据相应的管理办法、行业标准和检验方法。

《种子法》第四十七条：

■农业、林业主管部门应当加强对种子质量的监督检查。种子质量管理办法、行业标准和检验方法，由国务院农业、林业主管部门制定。

（1）种子质量检验机构 承担种子质量检验的机构应当具备相应的检测条件、能力，并经省级以上人民政府有关主管部门考核合格。种子质量检验机构应当配备种子检验员。种子检验员应当具有中专以上有关专业学历，具备相应的种子检验技术能力和水平。

对种子质量负有监督管理责任的农业、林业主管部门可以委托种子质量检验机构对种子质量进行检验。

（2）执法措施 《种子法》第五十条：

■农业、林业主管部门是种子行政执法机关。种子执法人员依法执行公务时应当出示行政执法证件。农业、林业主管部门依法履行种子监督检查职责时，有权采取下列措施：

- 进入生产经营场所进行现场检查；
- 对种子进行取样测试、试验或者检验；
- 查阅、复制有关合同、票据、账簿、生产经营档案及其他有关资料；
- 查封、扣押有证据证明违法生产经营的种子，以及用于违法生产经营的工具、设备及运输工具等；
- 查封违法从事种子生产经营活动的场所。

Q11 农药如何进行登记？

最新修订的《农药管理条例》于 2017 年 6 月 1 日起实施，该行政法规旨在加强农药管理，保证农药质量，保障农产品质量安全和人畜安全，保护农业、林业生产和生态环境。

《农药管理条例》第二条：

■本条例所称农药，是指用于预防、控制危害农业、林业的病、虫、草、鼠和其他有害生物以及有目的地调节植物、昆虫生长的化学合成或者来源于生物、其他天然物质的一种物质或者几种物质的混合物及其制剂。

■ 前款规定的农药包括用于不同目的、场所的下列各类：

● 预防、控制危害农业、林业的病、虫（包括昆虫、蜱、螨）、草、鼠、软体动物和其他有害生物；

● 预防、控制仓储以及加工场所的病、虫、鼠和其他有害生物；

● 调节植物、昆虫生长；

● 农业、林业产品防腐或者保鲜；

● 预防、控制蚊、蝇、蜚蠊、鼠和其他有害生物；

● 预防、控制危害河流堤坝、铁路、码头、机场、建筑物和其他场所的有害生物。

（1）登记主管部门　《农药管理条例》第七条：

■ 国家实行农药登记制度。农药生产企业、向中国出口农药的企业应当依照本条例的规定申请农药登记，新农药研制者可以依照本条例的规定申请农药登记。

■ 国务院农业主管部门所属的负责农药检定工作的机构负责农药登记具体工作。省、自治区、直辖市人民政府农业主管部门所属的负责农药检定工作的机构协助做好本行政区域的农药登记具体工作。

（2）登记程序

①登记试验　申请农药登记的，应当进行登记试验，并报所在地省、自治区、直辖市人民政府农业主管部门备案。但是新农药的登记试验略有区别，不是报省级主管部门备案进行登记试验，而应当向国务院农业主管部门提出申请。国务院农业主管部门应当自受理申请之日起 40 个工作日内对试验的安全风险及其防范措施进行审查，符合条件的，准予登记试验；不符合条件的，书面

通知申请人并说明理由。

登记试验应当由国务院农业主管部门认定的登记试验单位按照国务院农业主管部门的规定进行。

②登记申请程序

第一，提交登记申请材料。登记试验结束后，申请人应当向所在地省、自治区、直辖市人民政府农业主管部门提出农药登记申请，并提交登记试验报告、标签样张和农药产品质量标准及其检验方法等申请资料；申请新农药登记的，还应当提供农药标准品。

第二，初审。省、自治区、直辖市人民政府农业主管部门应当自受理申请之日起 20 个工作日内提出初审意见，并报送国务院农业主管部门。

第三，评审。国务院农业主管部门受理申请或者收到省、自治区、直辖市人民政府农业主管部门报送的申请资料后，应当组织审查和登记评审。农药的登记评审，由国务院农业主管部门组织成立农药登记评审委员会负责，评审规则由国务院农业主管部门制定。

评审委员会的人员组成：一是国务院农业、林业、卫生、环境保护、粮食、工业行业管理、安全生产监督管理等有关部门和供销合作总社等单位推荐的农药产品化学、药效、毒理、残留、环境、质量标准和检测等方面的专家；二是国家食品安全风险评估专家委员会的有关专家；三是国务院农业、林业、卫生、环境保护、粮食、工业行业管理、安全生产监督管理等有关部门和供销合作总社等单位的代表。

③审批核发　国务院农业主管部门自收到评审意见之日起 20 个工作日内作出审批决定，符合条件的，核发农药登记证；不符合条件的，书面通知申请人并说明理由。

（3）**农药登记证**　载明事项：应当载明农药名称、剂型、有效成分及其含量、毒性、使用范围、使用方法和剂量、登记证持有人、登记证号以及有效期等事项。前述登记证载明事项发生变化的，农药登记证持有人应当按照国务院农业主管部门的规定申请变更农药登记证。

有效期限：有效期为 5 年，期满可申请延续。有效期届满，需要继续生产农药的，农药登记证持有人应当在有效期届满 90 日前向国务院农业主管部门申请延续。

国务院农业主管部门应当及时公告农药登记证核发、延续、变更情况以及有关的农药产品质量标准号、残留限量规定、检验方法、经核准的标签等信息。

Q12　农药生产许可证包括哪些内容？

（1）**申请人条件**　农药生产企业应当具备下列条件：有与所申请生产农药相适应的技术人员；有与所申请生产农药相适应的厂房、设施；有对所申请生产农药进行质量管理和质量检验的人员、仪器和设备；有保证所申请生产农药质量的规章制度。

（2）**申请程序**　具备申请条件的农药生产企业向省、自治区、直辖市人民政府农业主管部门申请农药生产许可证。省、自治区、直辖市人民政府农业主管部门应当自受理申请之日起 20 个工作日内作出审批决定，必要时应当进行实地核查。符合条件的，核发农药生产许可证；不符合条件的，书面通知申请人并说明理由。

（3）**农药生产许可证**　载明事项：农药生产企业名称、住所、法定代表人（负责人）、生产范围、生产地址以及有效期等事项。农药生产许可证载明事项发生变化的，农药生产企业应当按照国务院农业主管部门的规定申请变更农药生产许可证。

有效期限：有效期为 5 年。有效期届满，需要继续生产农药的，农药生产企业应当在有效期届满 90 日前向省、自治区、直辖市人民政府农业主管部门申请延续。

（4）**农药包装** 《农药管理条例》第二十二条：

■农药包装应当符合国家有关规定，并印制或者贴有标签。国家鼓励农药生产企业使用可回收的农药包装材料。

■农药标签应当按照国务院农业主管部门的规定，以中文标注农药的名称、剂型、有效成分及其含量、毒性及其标识、使用范围、使用方法和剂量、使用技术要求和注意事项、生产日期、可追溯电子信息码等内容。

■剧毒、高毒农药以及使用技术要求严格的其他农药等限制使用农药的标签还应当标注"限制使用"字样，并注明使用的特别限制和特殊要求。用于食用农产品的农药的标签还应当标注安全间隔期。

《农药管理条例》第二十三条：

■农药生产企业不得擅自改变经核准的农药的标签内容，不得在农药的标签中标注虚假、误导使用者的内容。

■农药包装过小，标签不能标注全部内容的，应当同时附具说明书，说明书的内容应当与经核准的标签内容一致。

Q13 农药经营许可制度包括哪些内容？

（1）**申请人条件** 国家实行农药经营许可制度，但经营卫生用农药的除外。

农药经营者应当具备下列条件：①有具备农药和病虫害防治专业知识，熟悉农药管理规定，能够指导安全合理使用农药的经营人员；②有与其他商品以及饮用水水源、生活区域等有效隔离的营业场所和仓储场所，并配备与所申请经营农药相适应的防护设施；③有与所申请经营农药相适应的质量管理、台账记录、安全防护、应急处置、仓储管理等制度。

经营限制使用农药的，还应当配备相应的用药指导和病虫害防治专业技术人员，并按照所在地省、自治区、直辖市人民政府农业主管部门的规定实行定点经营。

（2）申请程序 具备上述条件的农药经营者，按照国务院农业主管部门的规定向县级以上地方人民政府农业主管部门申请农药经营许可证。

县级以上地方人民政府农业主管部门应当自受理申请之日起20个工作日内作出审批决定。符合条件的，核发农药经营许可证；不符合条件的，书面通知申请人并说明理由。

（3）农药经营许可证 载明事项：农药经营者名称、住所、负责人、经营范围以及有效期等事项。农药经营许可证载明事项发生变化的，农药经营者应当按照国务院农业主管部门的规定申请变更农药经营许可证。

取得农药经营许可证的农药经营者设立分支机构的，应当依法申请变更农药经营许可证，并向分支机构所在地县级以上地方人民政府农业主管部门备案，其分支机构免予办理农药经营许可证。农药经营者应当对其分支机构的经营活动负责。

有效期限：有效期为5年。有效期届满，需要继续经营农药的，农药经营者应当在有效期届满90日前向发证机关申请延续。

（4）农药经营者责任

①采购 《农药管理条例》第二十六条：

■农药经营者采购农药应当查验产品包装、标签、产品质量检验合格证以及有关许可证明文件，不得向未取得农药生产许可证的农药生产企业或者未取得农药经营许可证的其他农药经营者采购农药。

■农药经营者应当建立采购台账，如实记录农药的名称、有关许可证明文件编号、规格、数量、生产企业和供货人名称及其联系方式、进货日期等内容。采购台账应当保存 2 年以上。

②销售 《农药管理条例》第二十七条：

■农药经营者应当建立销售台账，如实记录销售农药的名称、规格、数量、生产企业、购买人、销售日期等内容。销售台账应当保存 2 年以上。

■农药经营者应当向购买人询问病虫害发生情况并科学推荐农药，必要时应当实地查看病虫害发生情况，并正确说明农药的使用范围、使用方法和剂量、使用技术要求和注意事项，不得误导购买者。

■经营卫生用农药的，不适用本条第一款、第二款的规定。

③禁止行为 《农药管理条例》第二十八条：

农药经营者不得加工、分装农药，不得在农药中添加任何物质；不得采购、销售包装和标签不符合规定，未附具产品质量检验合格证，未取得有关许可证明文件的农药。

■经营卫生用农药的，应当将卫生用农药与其他商品分柜销售；经营其他农药的，不得在农药经营场所内经营食品、食用农产品、饲料等。

Q14 什么样的农药是假、劣农药？

有下列情形之一的，应当认定为假农药：①以非农药冒充农药；②以此种农药冒充他种农药；③农药所含有效成分种类与农药的标签、说明书标注的有效成分不符。

禁用的农药，指未依法取得农药登记证而生产、进口的农药，以及未附具标签的农药，按照假农药处理。

有下列情形之一的，认定为劣质农药：①不符合农药产品质量标准；②混有导致药害等有害成分。

超过农药质量保证期的农药，按照劣质农药处理。

假农药、劣质农药和回收的农药废弃物等应当交由具有危险废物经营资质的单位集中处置，处置费用由相应的农药生产企业、农药经营者承担；农药生产企业、农药经营者不明确的，处置费用由所在地县级人民政府财政列支。

（四）农业补贴的类型和农业补贴项目表

Q15 农业补贴包括哪些类型？

随着中国经济和粮食市场的发展，并为适应国际市场的发展变化，中国现行的农业补贴法律制度和政策不断完善，自 2004 年以来，逐步取消农业税并扩大对农民的直接补贴。主要有减免农业税政策、粮食直接补贴政策、农资综合补贴政策、良种补贴政策、农机购置补贴政策等。

（1）**粮食直接补贴**　粮食直接补贴是进一步促进粮食生产、保护粮食综合生产能力、调动农民种粮积极性和增加农民收入，国家财政按一定的补贴标准和粮食实践种植面积，对农户直接给予的补贴，原则上按粮食种植面积将粮食补贴直接发放到种粮农民手中。

（2）**农资综合直接补贴**　农资综合直接补贴是指国家统筹考虑农业生产资料价格变动对农民种粮的增支影响，由政府对种粮农民给予适当补助，以有效保护农民种粮收益，调动农民种粮积极性，促进粮食增产的一项农业直接补贴政策。

（3）**良种补贴**　良种补贴是对一地区优势区域内种植主要优质粮食作物的农户，根据品种给予的资金补贴。这有利于支持农民积极使用优良作物种子，提高良种覆盖率，增加主要农产品特别是粮食的产量，改善农产品品质。

（4）**农机具购置补贴**　农机具购置补贴是为了鼓励和支持农民使用先进的农业机械，加快推进农业机械化进程，扩大农业经营规模，促进农民增收。

2017 年农业补贴项目及补助数额见表 1。

表 1　2017 年农业补贴项目表

序　号	农业补贴项目名称	申请补助数额
01	扶贫项目	500 万元
02	现代种业提升工程畜禽良种项目	300 万 ~ 500 万元
03	现代种业提升工程农作物种子项目	800 万 ~ 1000 万元
04	农业综合开发存量资金土地治理项目	每亩 1000 元
05	耕地保护与质量提升	80 万 ~ 120 万元
06	农业科技成果转化资金	60 万 ~ 300 万元

续表

序 号	农业补贴项目名称	申请补助数额
07	农产品产地初加工补助项目	中央财政资金对纳入目录的各类设施实行统一定额补助，目前比例为30%
08	一二三产业融合试点项目	项目总投资的30%
09	种子工程植保工程储备项目	中央资金500万元以内
10	资源节约与环境保护中央预算内投资备选项目	项目总投资的10%左右
11	现代农业园区试点申报项目	省级1000万～2000万元；国家级1亿～2亿元
12	农业综合开发土地治理项目	500万元
13	现代农业示范项目	0.02亿～2亿元
14	农产品促销项目资金	项目总投资的10%
15	生物质能综合利用示范项目	项目总投资的10%左右
16	生物质能综合利用示范项目（养殖项目）	项目总投资的10%左右
17	农业综合开发产业化经营项目	300万元
18	中小企业技术创新基金现代农业领域项目	80万元
19	农业综合开发专项——园艺类良种繁育及生产示范基地项目	300万元
20	冷链物流和现代物流项目	200万～1000万元
21	国家中药材生产扶持项目	100万～300万元
22	扶持"菜篮子"产品生产项目	设施内面积资金补助数额：5000元/亩，不超过300万元
23	中型灌区节水配套改造项目	单个项目额不超2000万元
24	国家农业产业化示范基地项目	300万元
25	一县一特产业发展试点项目	300万～500万元
26	龙头企业带动产业发展试点项目	500万～800万元
27	2015—2017年农业机械购置补贴（种植机械）	项目总投资的30%左右
28	2015—2017年农业机械购置补贴（养殖及饲料加工机械）	项目总投资的30%左右

续表

序 号	农业补贴项目名称	申请补助数额
29	开发性金融支持农产品加工业重点项目	待定
30	农业综合开发农业部专项（良种繁育、优势特色种植项目）	100万 ~ 500万元
31	农业综合开发林业专项	120万元

（资料来源：改自《2017年农业补贴标准出来啦！》）

（五）粮食安全问题

Q16 全球粮食安全状况如何？

无论是以国际组织所企盼的目标来裁减，还是实践所收获的效果来衡量，目前全球粮食安全依然没有解除危机，甚至某些指标还在恶化。

（1）**粮食供给处于紧平衡**　据FAO（联合国粮食及农业组织）的数据显示，全球粮食储备在2008年只有4.05亿吨，降至1980年以来的最低水平，仅够全球人食用8 ~ 12周。而从2009年的情况分析，美国农业部的报告认为，2009年世界谷物产量可达到22.16亿吨，而在需求量可能达到21.76亿吨的情况下，供大于需只有4000万吨。

（2）**粮食价格滞留于高位**　借助于需求增加和大宗资源价格上升的力量，国际市场粮价最近几年一路扶摇直上。虽然金融危机的爆发让粮食价格发生"夭折"，但目前仍处于历史高位。据OECD（经济合作与发展组织）和FAO联合发布的《2009—2018农业展望》报告，粮价总体水平目前远高于10年前的平均水平，一些粮食的价格比 1998—2008 年的水平高出了 1 倍。

（3）饥饿人口有增无减

①联合国粮食及农业组织于 2017 年 7 月 3 日在罗马举行了第四十届粮农组织大会，粮农组织目前确定了 19 个处于长久危机局势中的国家，世界饥饿人数不断攀升。

②据联合国最新报告，2016 年，全球食不果腹、营养不良的人口有 8.15 亿，占全球人口的 11%，比 2015 年多 3 800 万。报告还显示，在全球饥饿人口总数 8.15 亿人中，亚洲占 5.2 亿，非洲占 2.43 亿。

Q17 我国粮食安全状况如何？

中国，耕地仅占世界的 10%，人口却占世界的 22%，十几亿人的粮食问题始终是头等大事。高度重视保护和提高粮食综合生产能力，建立稳定的商品粮生产基地，建立符合中国国情和社会主义市场经济要求的粮食安全体系，确保粮食供求基本平衡，这既是政府解决粮食安全问题的基本方针，也是实现粮食安全的总目标。粮食包括谷物（含小麦、稻谷、玉米）、豆类（含大豆）和薯类；按用途包括城乡居民口粮、饲料用粮、工业用粮以及种子和其他用粮。

《国务院关于国家粮食安全工作情况的报告》（2010 年 8 月 26 日）中指出要大力强化农业基础建设，不断提升粮食综合生产能力；进一步加强政策扶持引导，调动农民种粮和地方政府抓粮的积极性；不断深化粮食流通体制改革，逐步完善粮食市场流通体系；进一步加强粮油市场调控，不断健全粮食储备制度；进一步加强粮食法制建设，加快制定粮食安全战略规划。

同时提出了当前我国粮食安全面临的主要问题：粮食产需缺口扩大；水土资源约束增强；农田水利基础设施薄弱；农业科技支撑能力不强；种粮比较效益长期偏低等。针对这些问题也提出了一些措施，例如进一步加大投入和政策扶持力度：①增加粮食生产投入。加快健全农业投入保障机制和保护体系，调整国民收入分配格局，优化财政支出、固定资产投资、信贷投放结构，较大幅度增加对农业的投入，重点向粮食主产区和产粮大县倾斜。建立健全以公共财政为主体的多元化投入机制，落实优惠政策，吸引社会资金投向粮食生产。加大农田水利建设资金整合力度，增加中央和省级财政小型农田水利设施建设补助专项资金规模。用好"一事一议"政策，创新投资机制，采取以奖代补等形式，鼓励和支持广泛开展小型农田水利设施建设和管护。②完善财政奖补政策。健全农业补贴制度，完善粮食直补、农资综合补贴、良种补贴和农机购置补贴办法。落实和完善农资综合补贴动态调整机制。健全完善粮食主产区利益补偿机制，加大对主产区（县）转移支付力度，2011年底前全部取消粮食风险基金主产区地方配套；完善产粮（油）大县奖励制度，加大奖励力度，向商品粮调出量大、对国家粮食安全贡献突出的产粮（油）大县倾斜。增加现代农业生产发展资金，继续向粮食主产区倾斜。③完善粮食最低收购价政策。继续稳步提高最低收购价格，引导市场粮价保持在合理水平。继续通过采取价格支持、增加补贴等多种方式，逐步提高种粮的比较效益。④加大土地整治资金投入力度。统筹各项土地整治资金，整体推进农村土地整治，实施农村土地整治重大工程和示范项目。⑤加大金融支持力度。创新农村金融体制，加快培育小型农村金融机构。大力发展小额信贷，鼓励发展适合粮食生产需要的微型金融服务。创新粮食信贷担保方式，扩大质押品范围。健全农业保险和再保险体系，研究建立财政支持的巨灾风险分散机制。稳步发展农产品期货市场。

《"十三五"规划》把到 2020 年确保谷物综合生产能力 5.5 亿吨作为约束性指标，把主要是口粮的小麦、稻谷自给率达到 100% 作为约束性指标。这样用于保障粮食安全的谷物需要量具有相对稳定性。《"十三五"规划》还提出了耕地保有量、化肥利用率、农药利用率和农膜利用率等与粮食生产直接相关的约束性指标。《"十三五"规划》提出的 8 个"十三五"农业现代化约束性指标，其中有 6 个直接与粮食生产能力及其生产资源保护和要素配置方式有关。可见，《"十三五"规划》使国家粮食安全保障更加有力。耕地资源数量和质量并重保护，是保障国家粮食安全的根本。《"十三五"规划》提出了在全国全面完成划定 15.46 亿亩永久基本农田，并将其落实到农户、落实到田间地头，不搞动态调整，这既从根本上保住了粮食生产能力，又确保对农田基本建设的投资不被浪费。

Q18 什么是粮食安全省长责任制？

《国务院关于建立健全粮食安全省长责任制的若干意见》中指出省长责任制建立的背景：2004 年我国全面放开粮食购销市场以来，各地区按照党中央、国务院的决策部署，积极履行粮食生产、流通和储备责任，粮食工作总体情况较好。但是，随着国内粮食生产实现"十一连增"，一些地方存在放松粮食生产、忽视粮食流通、过度依靠中央的现象，自觉承担维护国家粮食安全责任有待进一步加强。建立健全粮食安全省长责任制，是为了加快构建国家粮食安全保障体系，进一步明确地方政府维护国家粮食安全的责任。

国务院办公厅印发的《粮食安全省长责任制考核办法》规定，

国务院对各省（区、市）人民政府粮食安全省长责任制落实情况进行考核，考核的主要内容：①确保耕地面积基本稳定、质量不下降，粮食生产稳定发展，粮食可持续生产能力不断增强。②保护种粮积极性，财政对扶持粮食生产和流通的投入合理增长，提高种粮比较收益，落实粮食收购政策，不出现卖粮难问题。③落实地方粮食储备，增强粮食仓储能力，加强监督管理，确保地方储备粮数量真实、质量安全。④完善粮食调控和监管体系，保障粮食市场供应和价格基本稳定，不出现脱销断档，维护粮食市场秩序；完善粮食应急保障体系，及时处置突发事件，确保粮食应急供应。⑤加强耕地污染防治，提高粮食质量安全检验监测能力和超标粮食处置能力，禁止不符合食品安全标准的粮食流入口粮市场。⑥按照保障粮食安全的要求，落实农业、粮食等相关行政主管部门的职责任务，确保责任落实、人员落实。

Q19 粮食安全的法规制度有哪些？

（1）**建立耕地保护制度**　一是农用地用途管制制度；二是严格征地审批制度；三是基本农田保护制度。

（2）**建设稳定的商品粮生产基地**　《农业法》第三十二条第二款：

■ 国家在政策、资金、技术等方面对粮食主产区给予重点扶持，建设稳定的商品粮生产基地，改善粮食收贮及加工设施，提高粮食主产区的粮食生产、加工水平和经济效益。

（3）**保护价制度**　《农业法》第三十三条第一款：

■ 在粮食的市场价格过低时，国务院可以决定对部分粮食品种实行保护价制度。保护价应当根据有利于保护农民利益、稳定粮食生产的原则确定。

粮食保护价制度是指国家在对关系国计民生的重要粮食收购时，以保护农业生产者的利益为目的制定基准价格。当市场价格等于基准价格时，政府委托有关经营组织按保护价向农民收购粮食，或者对粮食的市场价格低于保护价的差额部分直接给粮食生产者的价格补贴制度。保护对象主要有水稻、小麦、玉米、大豆4种粮食。

《农业法》第三十三条：

■ 农民按保护价制度出售粮食，国家委托的收购单位不得拒收。县级以上人民政府应当组织财政、金融等部门以及国家委托的收购单位及时筹足粮食收购资金，任何部门、单位或者个人不得截留或者挪用。

（4）粮食安全预警制度和分级储备调节制度 《农业法》第三十四条：

■ 国家建立粮食安全预警制度，采取措施保障粮食供给。国务院应当制定粮食安全保障目标与粮食储备数量指标，并根据需要组织有关主管部门进行耕地、粮食库存情况的核查。

■ 国家对粮食实行中央和地方分级储备调节制度，建设仓储运输体系。承担国家粮食储备任务的企业应当按照国家规定保证储备粮的数量和质量。

（5）建立粮食风险基金制度 《农业法》第三十五条：

■ 国家建立粮食风险基金，用于支持粮食储备、稳定粮食市场和保护农民利益。

粮食风险基金专项用于支付省级储备粮油的利息、费用补贴；平抑市场粮食价格的波动，稳定粮食市场；落实国有粮食企业按保护价敞开收购农民余粮的政策，致使经营周转库存增加，流转费用提高，又不能通过顺价出售予以弥补的超正常库存粮食的利息、费用补贴。

（6）提倡珍惜和节约粮食 《农业法》第三十六条：

■国家提倡珍惜和节约粮食，并采取措施改善人民的食物营养结构。

保护粮食安全，珍惜节约粮食，这也是中华民族的传统美德。

案例 1　土地承包合同

案情简述

2010 年 12 月，村民李某与当时的村民委员会签订了一份土地承包合同。合同约定，村民委员会将村属的 15 亩承包地承包给李某经营，承包期限为 30 年。合同签订后，李某对所承包的土地进行了重新规划和整理，并在投资近 3000 元的承包土地上新打了一眼深井。2012 年 10 月，李某所在的村民委员会进行了换届选举。换届后的村民委员会以原村民委员会与李某所签订的土地承包合同没有召开村民大会，违反民主议定原则为由，将李某所承包的土地强行收回。李某将村民委员会告上法庭，要求确认合同有效，被告继续履行合同；如果确认合同无效，要求赔偿 2 万元经济损失。法院经审理后认为，原告李某与原村民委员会之间签订的土地承包合同违反了民主议定原则，属于无效合同。原村民委员会在签订合同中存在明显过错，应当对因合同无效给原告李某造成的经济损失进行赔偿。但法院在判决中只对因合同无效给李某造成的直接损失作了认定，判决村民委员会赔偿李某整地和打井费用 5000 元，而对李某自行委托价格认证中心认证的不能继续履行合同后两年的土地可得利益损失 13000 元，以"属于期待利益，不是直接损失，且村民委员会有异议"为由，不予支持。

以案释法

农村土地承包合同与其他合同相比，具有长期性特点，一般为 30 年。这种土地承包合同签订后，承包人为顾及长远利益，其初始投入往往较大，承包人的期待利益也是巨大的。一旦合同被确认无效，法院若仅仅支持承包方直接损失，不考虑其间接损失，势必会损害农民的切身利益。以上案例中，对李某自行委托认证机构做出的间接损失认定，如双方有异议，法院可委托有鉴定资格的认证机构予以认证，并在合理幅度内根据双方的过错责任予以分担，而不应以"属于期待利益"为由不予支持。只要承包方的间接损失是可以预见并能预期取得的利益，就应支持，这也符合合同法中有关损失的赔偿原则。

（资料来源：石磊，刘国辉. 农村常见经济纠纷案例解析［M］. 武汉：武汉大学出版社，2015：49）

案例 2 集体果园的收回风波

案情简述

2005 年，甲村王某与村民委员会签约承包本村果园协议，承包合同规定，王某对果园的承包期为 15 年，每亩每年承包费为 100 元。王某一家还一直做木材加工生意，并于 2008 年搬到城里居住，渐渐无暇顾及所承包的果园，果园正常的管理和经营没有了保障。2008 年 12 月，王某将自己所承包的果园以每亩每年 260 元的承包价格，转包给同村的李某经营。转包期以王某果园剩余承包期为限。果园原来的承包金，仍由王某向村民委员会交付。后来，村民委员会以果园属于村集体所有，王某无权转包谋利为由，将王某转包后的果园强行收回并转包他人。王某在与村民委员会多次协商未果的情况下，向县农村土地承包仲裁委员会申请仲裁。仲裁庭作出裁决，村民委员会有权收回王某的果园。王某不服，又向县人民法院起诉，要求村民委员会返还果园并赔偿损失。

法院经审理认为，在约定的承包期内，村集体经济组织物权单方解除土地承包合同，也不能阻碍进城农民依法流转土地经营权。同时，王某按合同约定及时足额向集体缴纳果园承包金，于国家、集体、个人有益无害，且在转包后履行了向村民委员会告知的义务，其行为并无不当，应予支持，故判决村民委员会败诉，返还强行收回的果园，并赔偿因此给王某造成的损失。

以案释法

《农村土地承包法》规定，发包方不得干涉承包方依法享有的生产经营权；不得违反本法规定收回、调整承包地；强迫或者阻碍承包方进行土地承包经营权流转；不得假借少数服从多数原则强迫承包方放弃或者变更土地承包经营权而进行土地承包经营权流转；不得以划分"口粮田"和"责任田"等为由收回承包地搞招标承包；不得将承包地收回抵顶欠款；不得剥夺、侵害妇女依法享有的土地承包经营权。根据上述法条，本案中的原告王某在约定的承包期内，可以自由流转土地经营权，村集体经济组织无权单方解除土地承包合同。

（资料来源：石磊，刘国辉. 农村常见经济纠纷案例解析 [M]. 武汉：武汉大学出版社，2015：36）

案例 3　纳税人

案情简述

2006 年 4 月 3 日上午，湖南常宁的一位村主任蒋某，以一名普通纳税人的身份将常宁市财政局告上了法庭，要求法院认定该市财政局超出年度财政预算购买两台小车的行为违法，并将违法购置的轿车收归国库，以维护纳税人的合法权益。常宁市财政局局长周某认为：蒋某的这种起诉应该是没有道理的，因为该单位没有违规购车。他反问，如果每个人都起诉，那岂不是给购车的单位带来很多麻烦？他同时质疑，原告蒋某是一个农民，现在已经取消农业税，他是否具有纳税人的资格？

以案释法

农业税是国家对一切从事农业生产、有农业收入的单位和个人征收的一种税。2006 年 1 月 1 日起全面取消农业税，同时取消的还有牧业税、农业特产税、屠宰税。所有的中国公民，包括农民，只要买商品，就会交税。中国的税收以流转税为主，即农民任何购买商品或服务消费行为都在向国家纳税，农民买种子、买农业生产资料、买日用品，都是纳税的行为。因此，农业税取消后，农民仍然是纳税人。

（资料来源：刘广东，申天恩. 我是村民我做主［M］. 大连：东北财经大学出版社，2012：50）

农民外出务工

（一）劳动合同

Q1 劳动合同包括哪些内容？

劳动合同是劳动者与用人单位确立劳动关系、明确双方权利和义务的协议。建立劳动关系应当订立劳动合同。

（1）**订立原则** 订立和变更劳动合同，应当遵循平等自愿、协商一致的原则，不得违反法律、行政法规的规定。劳动合同依法订立即具有法律约束力，当事人必须履行劳动合同规定的义务。

（2）**形式和内容** 劳动合同应当以书面形式订立。

《中华人民共和国劳动合同法》（以下简称《劳动合同法》）第十七条：

■ 劳动合同应具备以下条款：

- 用人单位的名称、住所和法定代表人或者主要负责人；
- 劳动者的姓名、住址和居民身份证或者其他有效身份证件号码；
- 劳动合同期限；
- 工作内容和工作地点；
- 工作时间和休息休假；
- 劳动报酬；
- 社会保险；
- 劳动保护、劳动条件和职业危害防护；
- 法律、法规规定应当纳入劳动合同的其他事项。

■ 劳动合同除前款规定的必备条款外，用人单位与劳动者可以约定试用期、培训、保守秘密、补充保险和福利待遇等其他事项。

Q2 劳动关系是如何建立的?

《劳动合同法》第七条:

■ 用人单位自用工之日起即与劳动者建立劳动关系。用人单位应当建立职工名册备查。

劳动关系,是指劳动者与用人单位在实现劳动过程中建立的社会关系。将实际用工作为建立劳动关系的标准有其合理性,是劳动关系的应有之义,同时也有利于保护劳动者的合法权益。

书面劳动合同签订在前,实际用工在后的,劳动关系自实际提供劳动之日起建立。劳动关系的建立后于书面劳动合同的签订日期,劳动关系建立日期之前的书面劳动合同只具有合同效力,如果合同一方违约,按照民法规定追究其违约责任。

实际用工在前,签订书面劳动合同在后的,劳动关系早于书面劳动合同建立,劳动关系的建立不受未签订书面劳动合同的影响。

自用工之日起 1 个月内,经用人单位书面通知后,劳动者不与用人单位订立书面劳动合同的,用人单位应当书面通知劳动者终止劳动关系,无需向劳动者支付经济补偿,但是应当依法向劳动者支付其实际工作时间的劳动报酬。用人单位自用工之日起超过 1 个月不满 1 年未与劳动者订立书面劳动合同的,应当依照《劳动合同法》第八十二条的规定向劳动者每月支付 2 倍的工资,并与劳动者补订书面劳动合同;劳动者不与用人单位订立书面劳动合同的,用人单位应当书面通知劳动者终止劳动关系,并依照

《劳动合同法》第四十七条的规定支付经济补偿。

Q3 劳动合同有哪些种类？

根据劳动合同订立的合同期限的不同，可以大致划分为固定期限、无固定期限和以完成一定的工作为期限的劳动合同。

（1）固定期限劳动合同　这是指用人单位与劳动者约定合同终止时间的劳动合同，具体是指劳动合同双方当事人在劳动合同中明确规定了合同效力的起始和终止的时间。劳动合同期限届满，劳动关系即告终止。如果双方协商一致，还可以续订劳动合同，延长期限。固定期限的劳动合同可以是较短时间的，如1年、2年，也可以是较长时间的，如5年、10年，甚至更长时间。不管时间长短，劳动合同的起始和终止日期都是固定的。具体期限由当事人双方根据工作需要和实际情况确定。

（2）无固定期限劳动合同　这是指用人单位与劳动者约定无确定终止时间的劳动合同。"无确定终止时间"是指劳动合同没有一个确切的终止时间，劳动合同的期限长短不能确定，但并不是没有终止时间。只要没有出现法定解除情形或者双方协商一致解除的，双方当事人就要继续履行劳动合同。一旦出现了法定情形或者双方协商一致解除的，无固定期限劳动合同同样也能够解除。由此可见，无固定期限合同并不是没有终止时间的"铁饭碗"，只要符合法律规定的条件，劳动者与用人单位都可以依法解除劳动合同。

无固定期限的劳动合同对于劳动者、用人单位和国家而言，都有好处。对于劳动者而言，有利于稳定职业，钻研业务技术，不断提高职业技能。对于用人单位而言，有利于培养劳动者对企业的忠诚，维护其经济利益，减少频繁更换劳动者带来的损失。对于国家而言，有利于形成较为稳定的劳动关系，逐步提高对劳动者权益的保护力度。

劳动者在同一用人单位连续工作满 10 年以上，当事人双方同意续延劳动合同的，如果劳动者提出订立无固定期限的劳动合同，应当订立无固定期限的劳动合同。

《劳动合同法》第十四条：

■ 有下列情形之一，劳动者提出或者同意续订、订立劳动合同的，除劳动者提出订立固定期限劳动合同外，应当订立无固定期限劳动合同：

- 劳动者在该用人单位连续工作满 10 年的；
- 用人单位初次实行劳动合同制度或者国有企业改制重新订立劳动合同时，劳动者在该用人单位连续工作满 10 年且距法定退休年龄不足 10 年的；
- 连续订立二次固定期限劳动合同，且劳动者没有本法第三十九条和第四十条第一项、第二项规定的情形，续订劳动合同的。

用人单位自用工之日起满 1 年不与劳动者订立书面劳动合同的，视为用人单位与劳动者已订立无固定期限劳动合同。

（3）以完成一定的工作为期限的劳动合同 这是指用人单位与劳动者约定以某项工作的完成为合同期限的劳动合同。用人单位与劳动者协商一致，可以订立以完成一定工作任务为期限的劳动合同。某一项工作或工程开始之日，即为合同开始之时，此项工作或者工程完毕，合同即告终止。以完成一定工作任务为期限的劳动合同，合同双方当事人在合同存续期间建立的是劳动关系，这种劳动合同实际上属于固定期限的劳动合同，只不

过表现形式不同。

一般在以下几种情况下，用人单位与劳动者可以签订以完成一定工作任务为期限的劳动合同：①以完成单项工作任务为期限的劳动合同；②以项目承包方式完成承包任务的劳动合同；③因季节原因用工的劳动合同；④其他双方约定的以完成一定工作任务为期限的劳动合同。

Q4 法律是如何规定试用期的？

《中华人民共和国劳动法》（以下简称《劳动法》）第二十一条：

■劳动合同可以约定试用期。试用期最长不得超过 6 个月。

《劳动合同法》第十九条：

■劳动合同期限 3 个月以上不满 1 年的，试用期不得超过 1 个月；劳动合同期限 1 年以上不满 3 年的，试用期不得超过 2 个月；3 年以上固定期限和无固定期限的劳动合同，试用期不得超过 6 个月。同一用人单位与同一劳动者只能约定一次试用期。以完成一定工作任务为期限的劳动合同或者劳动合同期限不满 3 个月的，不得约定试用期。试用期包含在劳动合同期限内。劳动合同仅约定试用期的，试用期不成立，该期限为劳动合同期限。

《劳动合同法》第二十条：

■劳动者在试用期的工资不得低于本单位相同岗位最低档工资或者劳动合同约定工资的 80%，并不得低于用人单位所在地的最低工资标准。

Q5 什么是无效的劳动合同？

无效的劳动合同是指由当事人签订成立而国家不予承认其法律效力的劳动合同。一般合同一旦依法成立，就具有法律拘束力，但是无效合同即使成立，也不具有法律拘束力，不发生履行效力。

《合同法》第五十二条：

■ 有下列情形之一的，合同无效：

● 一方以欺诈、胁迫的手段订立劳动合同，损害国家利益；

● 恶意串通，损害国家、集体或者第三人利益；

● 以合法形式掩盖非法目的；

● 损害社会公共利益；

● 违反法律、行政法规的强制性规定。

导致劳动合同无效有以下几方面的原因：

（1）劳动合同因违反国家法律、行政法规的强制性规定而无效　包括：①用人单位和劳动者中的一方或者双方不具备订立劳动合同的法定资格。如签订劳动合同的劳动者一方必须是具有劳动权利能力和劳动行为能力的公民，企业与未满 16 周岁的未成年人订立的劳动合同就是无效的劳动合同（国家另有规定的除外）。②劳动合同的内容直接违反法律、法规的规定。③劳动合同因损害国家利益和社会公共利益而无效。

（2）订立劳动合同因采取欺诈、威胁等手段而无效　欺诈是指当事人一方故意制造假象或隐瞒事实真相，欺骗对方，诱使对方形成错误认识而与之订立劳动合同。欺诈的种类很多，包括：①在没有履行能力的情况下签订合同。如根据《劳动法》的规定，从事特种作业的劳动者必须经过专门培训并取得特种作业资格。应聘的劳动者并没有这种资格，提供了假的资格证书。②行为人负有义务向他方如实告知某种真实情况而故意不告知的。如一家小型化工企业招聘三班倒的化工工人，所以不能用孕妇。但有的妇女来应聘，故意隐瞒其已经怀孕的情况，应聘上岗后不久就提出已经怀孕不能倒班上岗。采取欺诈手段订立的劳动合同是无效的。威胁是指当事人以将要发生的损害或者以直接实施损害相威胁，一方迫使另一方处于恐怖或者其他被胁迫的状态而签订劳动合同，威胁可能涉及生命、身体、财产、名誉、自由、健康等方面。

（3）用人单位免除自己的法定责任、排除劳动者权利的劳动合同无效 这属于禁止用人单位同劳动者约定的内容，这也是合同的一般原则。通常表现为，劳动合同简单化，法定条款缺失，仅规定劳动者的义务，有的甚至规定"生老病死都与企业无关""用人单位有权根据生产经营变化以及劳动者的工作情况调整其工作岗位，劳动者必须服从用人单位的安排"等"霸王"条款。

Q6 与劳动报酬相关的法律规定有哪些？

劳动者报酬指劳动者为用人单位提供劳动而获得的各种报酬。劳动者一方只要在用人单位的安排下按照约定完成一定的工作量，劳动者就有权要求按劳动取得报酬。劳动报酬不仅是劳动者及其家属有力的生活保障，也是社会对其劳动的承认和评价。

用人单位在生产过程中支付给劳动者的全部报酬包括 3 部分：一是货币工资，用人单位以货币形式直接支付给劳动者的各种工资、奖金、津贴、补贴等；二是实物报酬，即用人单位以免费或低于成本价提供给劳动者的各种物品和服务等；三是社会保险，是指用人单位为劳动者直接向政府或保险部门支付的失业、养老、人身、医疗、家庭财产等保险金。

《劳动合同法》第三十条：

■用人单位应当按照劳动合同约定和国家规定，向劳动者及时足额支付劳动报酬。用人单位拖欠或者未足额支付劳动报酬的，劳动者可以依法向当地人民法院申请支付令，人民法院应当依法发出支付令。

（1）用人单位应当按照劳动合同约定和国家规定支付劳动报酬　结合各种灵活多变的用工形式，本法允许用人单位和劳动者双方在法律允许的范围内对劳动报酬的金额、支付时间、支付方式等进行平等协调，在劳动合同中约定一种对当事人而言更切合实际的劳动报酬制度。

同时，用人单位向劳动者发放劳动报酬还要遵守国家有关规定，主要有以下几点：

①最低工资制度　《劳动法》第四十八条规定了国家实行最低工资保障制度，用人单位支付劳动者的工资不得低于当地的最低工资标准。最低工资是指劳动者在法定工作时间内履行了正常劳动义务的前提下，由其所在单位支付的最低劳动报酬。最低工资不包括延长工作时间的工资报酬，以货币形式支付的住房和用人单位支付的伙食补贴，中班、夜班、高温、低温、井下、有毒、有害等特殊工作环境和劳动条件下的津贴以及国家法律、法规、规章规定的社会保险福利待遇。此外，在劳动合同中约定的劳动者未完成劳动定额或者承包任务的情况下，用人单位可低于最低工资标准支付劳动者工资的条款不具有法律效力；劳动者与用人单位形成或者建立劳动关系后，于试用期、熟练期、见习期内在法定工作时间提供了正常劳动，其所在的用人单位应当支付

其不低于最低工资标准的工资。当然，企业下岗待工人员，由企业依据当地政府的有关规定支付其生活费，生活费可以低于最低工资标准。

②工资应当以货币形式发放 《劳动法》第五十条明确规定，工资应当以货币形式按月支付。根据《劳动法》的这一规定，工资应当以法定货币支付，不得以发放实物或有价证券等形式代替货币支付。

③劳动者加班费也是其劳动报酬的一个重要组成部分 用人单位应当严格按照《劳动法》的有关规定支付劳动者加班费。

④在一些特殊情况下，劳动者也应取得工资支付 所谓特殊情况下的工资支付是指在非正常情况下或者暂时离开工作岗位时，按照国家法律、法规的规定对劳动者的工资支付。这些特殊情况主要包括：一是劳动者依法参加社会活动期间的工资支付。比如劳动者在法定工作时间内参加乡（镇）、区以上政府、党派、工会、共青团、妇联等组织召开的会议；依法行使选举权与被选举权；出席劳动模范、先进工作者大会等。二是非因劳动者原因停工期间的工资支付。非因劳动者原因造成用人单位停工、停产在一个工资支付周期内，用人单位应按劳动合同规定的标准支付劳动者工资。超过一个工资支付周期的，若劳动者提供了正常劳动，则支付劳动者的劳动报酬不得低于当地最低工资标准；若劳动者没有提供正常劳动，则按照国家有关规定办理。三是劳动者休假期间的工资支付。劳动者依法享受年休假期间，用人单位应按劳动合同规定的标准支付劳动者工资。四是劳动者在法定休假日的工资支付。法定休假日，用人单位应当支付劳动者工资。五是劳动者在享受探亲假期间的工资支付。劳动者在国家的规定探亲休假期内探亲的，用人单位应按劳动合同规定的标准支付劳动者工

资。六是婚丧假期间的工资支付。婚丧假是指劳动者本人结婚假期或者直系亲属死亡的丧事假期。一般为 1 ~ 3 天，不在一地的，可根据路程远近给予路程假。在此期间工资照发。七是产假期间的工资支付。

（2）用人单位应当及时支付劳动报酬　依照《劳动法》和其他有关规定，用人单位应当每月至少发放一次劳动报酬。工资正是获得劳动报酬的最重要的形式。以法律的形式将支付工资的周期规定为至多 1 个月，可以使劳动者的劳动获得报酬的周期不至于过长，更有利保障劳动者的合法权益。

实行月薪制的用人单位，工资必须按月发放，实行小时工资制、日工资制、周工资制的用人单位的工资也可以按小时、按日或者按周发放。超过用人单位与劳动者约定的支付工资的时间发放工资的即构成拖欠劳动者劳动报酬的违法行为，应当依照本法和其他有关法律法规承担一定的法律责任。

（3）用人单位应当足额支付劳动报酬　用人单位对履行了劳动合同规定的义务和责任，保质保量地完成生产工作任务的劳动者，应当足额支付劳动报酬，劳动者的工资获得权和使用权受法律的保护。工资不得随意扣除，企业不得将扣发工资作为处理职工的一种处罚性手段。不支付或者未足额支付劳动报酬的，则构成《劳动法》"克扣"劳动者工资的行为，是依照本法和有关法律法规应受处罚的行为。根据《劳动合同法》第三十八条的规定，用人单位未及时足额支付劳动报酬的，劳动者可以解除劳动合同。根据《劳动合同法》第八十五条的规定，用人单位未按照劳动合同的约定或者国家规定及时足额支付劳动者工资的，劳动行政部门可以责令其支付，逾期未支付的，责令用人单位按照应付金额的 50% 以上 100% 以下的标准向劳动者支付赔偿金。

（4）申请支付令 《劳动合同法》第三十条规定了用人单位拖欠或者未足额支付劳动报酬的，劳动者可以依法向当地人民法院申请支付令。

该款主要是针对用人单位拖欠劳动者工资，尤其是拖欠农民工工资问题所作的规定。造成拖欠工资的原因有：①法律法规对拖欠工资的企业处罚太轻，一般情况下只要求用人单位补发工资，严重一点的也只是对用人单位加罚拖欠工资 25% 的补偿金；②我国还没有专门统一的工资法对此进行规范，虽然不少地方有工资立法的准备，但当前总体上讲法律依据还是有些不足；③存在有关主管部门监管不到位的问题。

基于劳动者尤其是农民工的弱势地位，为了保护劳动者特别是农民工的合法权益，《劳动合同法》将支付令制度引入了欠薪案件中，赋予劳动者快捷进入司法救济程序的途径。用人单位拖欠或者未足额支付劳动报酬的，劳动者与用人单位之间没有其他债务纠纷且支付令能够送达用人单位的，劳动者可以向有管辖权的基层人民法院申请支付令。劳动者在申请书中应当写明请求给付劳动报酬的金额和所根据的事实、证据；劳动者提出申请后，人民法院应当在 5 日内通知其是否受理；人民法院受理申请后，经审查劳动者提供的事实、证据，对工资债权债务关系明确、合法的，应当在受理之日起 15 日内向用人单位发出支付令；人民法院经审查认为劳动者的申请不成立的，可以裁定予以驳回；用人单位应当自收到支付令之日起 15 日内清偿债务，或者向人民法院提出书面异议；用人单位在前款规定的期间不提出异议又不履行支付令的，劳动者可以向人民法院申请强制执行；人民法院收到用人单位提出的书面异议后，应当裁定终结支付令这一督促程序，支付令自行失效，劳动者可以依据有关法律的规定提出调解、仲裁或者起诉。

Q7 劳动合同解除和终止的情形有哪些？

（1）解除劳动合同

①协商解除　用人单位与劳动者协商一致，可以解除劳动合同。

②劳动者单方解除　《劳动合同法》第三十七条：

■劳动者提前 30 日以书面形式通知用人单位，可以解除劳动合同。劳动者在试用期内提前 3 日通知用人单位，可以解除劳动合同。

《劳动合同法》第三十八条：

■用人单位有下列情形之一的，劳动者可以解除劳动合同：

● 未按照劳动合同约定提供劳动保护或者劳动条件的；

● 未及时足额支付劳动报酬的；

● 未依法为劳动者缴纳社会保险费的；

● 用人单位的规章制度违反法律、法规的规定，损害劳动者权益的；

● 因本法第二十六条第一款规定的情形致使劳动合同无效的；

● 法律、行政法规规定劳动者可以解除劳动合同的其他情形。用人单位以暴力、威胁或者非法限制人身自由的手段强迫劳动者劳动的，或者用人单位违章指挥、强令冒险作业危及劳动者人身安全的，劳动者可以立即解除劳动合同，不需事先告知用人单位。

③用人单位单方解除

第一，过失性辞退。《劳动合同法》第三十九条：

■劳动者有下列情形之一的，用人单位可以解除劳动合同：

● 在试用期间被证明不符合录用条件的；

● 严重违反用人单位的规章制度的；

● 严重失职，营私舞弊，给用人单位造成重大损害的；

● 劳动者同时与其他用人单位建立劳动关系，对完成本单位的工作任务造成严重影响，或者经用人单位提出，拒不改正的；

● 因本法第二十六条第一款第一项规定的情形致使劳动合同无效的；

● 被依法追究刑事责任的。

第二，无过失性辞退。《劳动合同法》第四十条：

■有下列情形之一的，用人单位提前 30 日以书面形式通知劳动者本人或者额外支付劳动者 1 个月工资后，可以解除劳动合同的相关情形：

● 劳动者患病或者非因工负伤，在规定的医疗期满后不能从事原工作，也不能从事由用人单位另行安排的工作的；

● 劳动者不能胜任工作，经过培训或者调整工作岗位，仍不能胜任工作的；

● 劳动合同订立时所依据的客观情况发生重大变化，致使劳动合同无法履行，经用人单位与劳动者协商，未能就变更劳动合同内容达成协议的。

④用人单位不得解除劳动合同的情形 《劳动合同法》第四十二条：

■劳动者有下列情形之一的，用人单位不得依照本法第四十条、第四十一条的规定解除劳动合同：

● 从事接触职业病危害作业的劳动者未进行离岗前职业健

康检查，或者疑似职业病病人在诊断或者医学观察期间的；

- 在本单位患职业病或者因工负伤并被确认丧失或者部分丧失劳动能力的；
- 患病或者非因工负伤，在规定的医疗期内的；
- 女职工在孕期、产期、哺乳期的；
- 在本单位连续工作满 15 年，且距法定退休年龄不足 5 年的；
- 法律、行政法规规定的其他情形。

（2）终止劳动合同 《劳动合同法》第四十四条：

■ 有下列情形之一的，劳动合同终止：

- 劳动合同期满的；
- 劳动者开始依法享受基本养老保险待遇的；
- 劳动者死亡，或者被人民法院宣告死亡或者宣告失踪的；
- 用人单位被依法宣告破产的；
- 用人单位被吊销营业执照、责令关闭、撤销或者用人单位决定提前解散的；
- 法律、行政法规规定的其他情形。

（二）工 伤

Q8 如何进行工伤认定？

工伤，又称为产业伤害、职业伤害、工业伤害、工作伤害，是指劳动者在从事职业活动或者与职业活动有关的活动时所遭受的不良因素的伤害和职业病伤害。

当前国际上比较规范的"工伤"定义包括两个方面的内容，即由工作引起并在工作过程中发生的事故伤害和职业病伤害。

（1）**工伤保险基金**　工伤保险基金由用人单位缴纳的工伤保险费、工伤保险基金的利息和依法纳入工伤保险基金的其他资金构成。用人单位应当按时缴纳工伤保险费。职工个人不缴纳工伤保险费。

（2）**工伤认定**　《工伤保险条例》第十四条：

■职工有下列情形之一的，应当认定为工伤：

- 在工作时间和工作场所内，因工作原因受到事故伤害的；
- 工作时间前后在工作场所内，从事与工作有关的预备性或者收尾性工作受到事故伤害的；
- 在工作时间和工作场所内，因履行工作职责受到暴力等意外伤害的；
- 患职业病的；
- 因工外出期间，由于工作原因受到伤害或者发生事故下落不明的；
- 在上下班途中，受到非本人主要责任的交通事故或者城市轨道交通、客运轮渡、火车事故伤害的；
- 法律、行政法规规定应当认定为工伤的其他情形。

《工伤保险条例》第十五条：

■职工有下列情形之一的，视同工伤：

- 在工作时间和工作岗位，突发疾病死亡或者在 48 小时之内经抢救无效死亡的；
- 在抢险救灾等维护国家利益、公共利益活动中受到伤害的；
- 职工原在军队服役，因战、因公负伤致残，已取得革命伤残军人证，到用人单位后旧伤复发的。

《工伤保险条例》第十六条：

■职工符合本条例第十四条、第十五条的规定，但是有下列情形之一的，不得认定为工伤或者视同工伤：

- 故意犯罪的；
- 醉酒或者吸毒的；
- 自残或者自杀的。

（3）**工伤认定提交的材料** 填写由人力资源和社会保障部部统一制定的《工伤认定申请表》；劳动合同文本复印件或其他建立劳动关系的有效证明；医疗机构出具的受伤后诊断证明书或者职业病诊断证明书（或者职业病诊断鉴定书）。

申请人提供材料不完整的，社会保险行政部门应当当场或者在 15 个工作日内以书面形式一次性告知工伤认定申请人需要补正的全部材料。

（4）**工伤认定决定**

①认定决定包括工伤或视同工伤的认定决定和不属于工伤或不视同工伤的认定决定。

②社会保险行政部门应当自受理工伤认定申请之日起 60 日内作出工伤认定决定。但是事实清楚，权利义务关系明确的，15 天内应作出决定。

③工伤认定决定应当依法载明必记事项。

④工伤认定决定应加盖社会保险行政部门工伤认定专用印章。

Q9 法律规定的用人单位预防职业病的举措有哪些？

职业病，是指企业、事业单位和个体经济组织等用人单位的劳动者在职业活动中，因接触粉尘、放射性物质和其他有毒、有害因素而引起的疾病。职业病的分类和目录由国务院卫生行政部门会同国务院安全生产监督管理部门、劳动保障行政部门制定、调整并公布。

用人单位的主要负责人对本单位的职业病防治工作全面负责。用人单位必须依法参加工伤保险。

（1）**前期预防** 《中华人民共和国职业病防治法》（以下简称《职业病防治法》）第十五条：

■产生职业病危害的用人单位的设立除应当符合法律、行政法规规定的设立条件外，其工作场所还应当符合下列职业卫生要求：

- 职业病危害因素的强度或者浓度符合国家职业卫生标准；
- 有与职业病危害防护相适应的设施；
- 生产布局合理，符合有害与无害作业分开的原则；
- 有配套的更衣间、洗浴间、孕妇休息间等卫生设施；
- 设备、工具、用具等设施符合保护劳动者生理、心理健康的要求；
- 法律、行政法规和国务院卫生行政部门、安全生产监督管理部门关于保护劳动者健康的其他要求。

（2）**防治措施** 《职业病防治法》第二十条：

■用人单位应当采取下列职业病防治管理措施：

- 设置或者指定职业卫生管理机构或者组织，配备专职或者兼职的职业卫生管理人员，负责本单位的职业病防治工作；
- 制定职业病防治计划和实施方案；
- 建立、健全职业卫生管理制度和操作规程；

● 建立、健全职业卫生档案和劳动者健康监护档案；

● 建立、健全工作场所职业病危害因素监测及评价制度；

● 建立、健全职业病危害事故应急救援预案。

《职业病防治法》第三十三条：

■ 用人单位与劳动者订立劳动合同（含聘用合同，下同）时，应当将工作过程中可能产生的职业病危害及其后果、职业病防护措施和待遇等如实告知劳动者，并在劳动合同中写明，不得隐瞒或者欺骗。

■ 劳动者在已订立劳动合同期间因工作岗位或者工作内容变更，从事与所订立劳动合同中未告知的存在职业病危害的作业时，用人单位应当依照前款规定，向劳动者履行如实告知的义务，并协商变更原劳动合同相关条款。

■ 用人单位违反前两款规定的，劳动者有权拒绝从事存在职业病危害的作业，用人单位不得因此解除与劳动者所订立的劳动合同。

Q10 如何进行职业病诊断？

（1）**职业病诊断**　经省、自治区、直辖市人民政府卫生行政部门批准的医疗卫生机构承担职业病诊断工作，应当具备下列条件：持有《医疗机构执业许可证》；具有与开展职业病诊断相适应的医疗卫生技术人员；具有与开展职业病诊断相适应的仪器、设备；具有健全的职业病诊断质量管理制度。

承担职业病诊断的医疗卫生机构不得拒绝劳动者进行职业病诊断的要求。职业病诊断标准和职业病诊断、鉴定办法由国务院卫生行政部门制定。职业病伤残等级的鉴定办法由国务院劳动保

障行政部门会同国务院卫生行政部门制定。

用人单位应当如实提供职业病诊断、鉴定所需的劳动者职业史和职业病危害接触史、工作场所职业病危害因素检测结果等资料；安全生产监督管理部门应当监督检查和督促用人单位提供上述资料；劳动者和有关机构也应当提供与职业病诊断、鉴定有关的资料。

职业病诊断、鉴定机构需要了解工作场所职业病危害因素情况时，可以对工作场所进行现场调查，也可以向安全生产监督管理部门提出，安全生产监督管理部门应当在 10 日内组织现场调查。用人单位不得拒绝、阻挠。

（2）诊断争议　职业病诊断、鉴定过程中，在确认劳动者职业史、职业病危害接触史时，当事人对劳动关系、工种、工作岗位或者在岗时间有争议的，可以向当地的劳动人事争议仲裁委员会申请仲裁；接到申请的劳动人事争议仲裁委员会应当受理，并在 30 日内作出裁决。

当事人在仲裁过程中对自己提出的主张，有责任提供证据。劳动者无法提供由用人单位掌握管理的与仲裁主张有关的证据的，仲裁庭应当要求用人单位在指定期限内提供；用人单位在指定期限内不提供的，应当承担不利后果。

劳动者对仲裁裁决不服的，可以依法向人民法院提起诉讼。用人单位对仲裁裁决不服的，可以在职业病诊断、鉴定程序结束之日起 15 日内依法向人民法院提起诉讼；诉讼期间，劳动者的治疗费用按照职业病待遇规定的途径支付。

（三）劳动争议解决

Q11 劳动争议处理的机制是什么？

用人单位与劳动者发生劳动争议，当事人可以依法申请调解、仲裁、提起诉讼，也可以协商解决。调解原则适用于仲裁和诉讼程序。

解决劳动争议，应当根据合法、公正、及时处理的原则，依法维护劳动争议当事人的合法权益。

劳动争议的调解是指在劳动争议调解委员会的主持下，在双方当事人自愿的基础上，通过宣传法律、法规、规章和政策，劝导当事人化解矛盾，自愿就争议事项达成协议，使劳动争议及时得到解决的一种活动。

发生劳动争议，当事人不愿协商、协商不成或者达成和解协议后不履行的，可以向劳动调解组织申请调解。劳动调解组织包括：一是企业劳动争议调解委员会；二是依法设立的基层人民调解组织；三是在乡镇、街道设立的具有劳动争议调解职能的组织。这里要指出的是，调解程序也是一个自愿程序，当事人不愿调解的，可以直接向劳动争议仲裁委员会申请仲裁；如果自劳动争议调解组织收到调解申请之日起 15 日内没有达成调解协议，或者达成调解协议后在协议约定的期限内，一方当事人不履行的，另一方当事人可以向劳动争议仲裁委员会申请仲裁。

Q12 劳动仲裁包括哪些内容？

发生劳动争议，当事人不愿调解、调解不成或者达成调解协议后不履行的，可以向劳动仲裁委员会申请仲裁。

（1）**申请仲裁的情形**《中华人民共和国劳动争议调解仲裁法》（以下简称《劳动争议调解仲裁法》）第二条：

■ 中华人民共和国境内的用人单位与劳动者发生的下列劳动争议，适用本法：

- 因确认劳动关系发生的争议；
- 因订立、履行、变更、解除和终止劳动合同发生的争议；
- 因除名、辞退和辞职、离职发生的争议；
- 因工作时间、休息休假、社会保险、福利、培训以及劳动保护发生的争议；
- 因劳动报酬、工伤医疗费、经济补偿或者赔偿金等发生的争议；
- 法律、法规规定的其他劳动争议。

（2）**仲裁时效**《劳动争议调解仲裁法》第二十七条：

■ 劳动争议申请仲裁的时效期间为 1 年。仲裁时效期间从当事人知道或者应当知道其权利被侵害之日起计算。

■ 前款规定的仲裁时效，因当事人一方向对方当事人主张权利，或者向有关部门请求权利救济，或者对方当事人同意履行义务而中断。从中断时起，仲裁时效期间重新计算。

■ 因不可抗力或者有其他正当理由，当事人不能在本条第一款规定的仲裁时效期间申请仲裁的，仲裁时效中止。从中止时效的原因消除之日起，仲裁时效期间继续计算。

■劳动关系存续期间因拖欠劳动报酬发生争议的，劳动者申请仲裁不受本条第一款规定的仲裁时效期间的限制；但是，劳动关系终止的，应当自劳动关系终止之日起1年内提出。

（3）**仲裁裁决** 裁决应当按照多数仲裁员的意见作出，少数仲裁员的不同意见应当记入笔录。仲裁庭不能形成多数意见时，裁决应当按照首席仲裁员的意见作出。裁决书应当载明仲裁请求、争议事实、裁决理由、裁决结果和裁决日期。裁决书由仲裁员签名，加盖劳动争议仲裁委员会印章。对裁决持不同意见的仲裁员，可以签名，也可以不签名。

Q13 对仲裁不满意还有什么救济途径？

《劳动争议调解仲裁法》第四十七条：

■下列劳动争议，除本法另有规定的外，仲裁裁决为终局裁决，裁决书自作出之日起发生法律效力：

- ●追索劳动报酬、工伤医疗费、经济补偿或者赔偿金，不超过当地月最低工资标准十二个月金额的争议；
- ●因执行国家的劳动标准在工作时间、休息休假、社会保险等方面发生的争议。

对于上述劳动争议案件的裁决，劳动者不服的，可以直接向人民法院提起诉讼，但是用人单位一方不服的，需要先向法院申请撤销仲裁裁决，在人民法院作出撤销仲裁裁决的裁定后，用人单位可以就争议事项向人民法院提起诉讼。

当事人对第四十七条规定以外的其他劳动争议案件的仲裁裁决不服的，可以自收到仲裁裁决书之日起15日内向人民法院提起诉讼；期满不起诉的，裁决书发生法律效力。

案例 1 劳动者的加班费

案情简述

　　小赵是某外资公司的职员，工作期间，小赵为了不把工作任务留到下一个工作日，就在下班后自动加班完成当日工作任务。一年合同期满，小赵决定不再续签劳动合同，但要求公司支付其一年内延长工作时间的加班工资，并出示了一年内延长工作时间的考勤记录。公司认为小赵延长工作时间是个人自愿行为，不能另行支付加班工资。

以案释法

　　加班费的计算分为以下几种情形：①劳动者延长工作时间的，即正常工作日加班的，支付不低于劳动合同规定的劳动者本人小时工资标准的 150% 的工资报酬；②休息日，即周六、周日或者其他休息日安排劳动者工作又不能安排补休的，支付不低于劳动合同规定的劳动者本人日工资标准的 200% 的工资报酬；③法定休假日，即元旦、春节、国际劳动节、国庆节以及其他法定节假日安排劳动者工作的，支付不低于劳动合同规定的劳动者本人日工资标准的 300% 的工资报酬。

　　职工加了班，公司未必一定要支付加班费，按照规定，只有由用人单位安排加班的，用人单位才应支付加班工资，如果不是用人单位安排加班，而是劳动者自愿加班的，用人单位依据规定可以不支付加班工资。

　　（资料来源：赵凌云. 农村常见法律纠纷案例评析 [M]. 北京：中国财政经济出版社，2011：211）

婚姻家庭

五

（一）婚姻与家庭关系

Q1 婚姻成立的要件有哪些？

（1）**婚姻成立的特征** 一是结婚行为的主体是男女两性；二是结婚行为必须依照法律规定的条件和程序进行；三是结婚行为的法律后果是确立夫妻关系。

（2）**婚姻成立的要件** 包括实质要件和形式要件。

实质要件是指婚姻当事人以及双方之间的关系，必须符合法律规定的结婚要件，包括结婚必须具备的条件和结婚禁止的条件。即符合结婚自愿原则，达到法定婚龄，男不得早于 22 周岁，女不得早于 20 周岁，且不是直系血亲和三代以内的旁系血亲，未患有医学上认为不应当结婚的疾病，并符合一夫一妻制，满足前述这些条件的则符合结婚的实质要件。

形式要件是指婚姻成立的方式或程序必须符合法律规定的条件。形式要件是婚姻取得社会制度承认的法定方式，具有公示的特点。

Q2 什么是事实婚姻？

事实婚姻是指符合婚姻实质要件的男女，未进行婚姻登记，即以夫妻关系同居生活，群众也认为是夫妻的两性结合。构成要件：①事实婚姻的主体为没有配偶的男女双方，有配偶者与他人以夫妻名义同居生活的，视为事实重婚；②事实婚姻的当事人具有婚姻的目的和共同的生活的形态，男女双方是否以夫妻相待是事实婚姻与其他非婚两性关系的主要区别，是事实婚姻的内在本质；③事实婚姻的双方都具有公开的夫妻身份，为群众所公认，而且同居时间符合最高人民法院司法解释划定的时间标准；④事实婚姻的当事人未履行结婚登记手续，但双方均符合结婚实质要件，这是事实婚姻与合法婚姻相区别的重要标志。

事实婚姻在我国长期大量存在，在广大农村特别是边远地区，事实婚姻甚至占当地婚姻总数的百分之六七十。造成这一状况的原因主要有：①传统习俗的影响。我国民间流行仪式婚，许多人认为，只要举行了婚礼，亲朋好友认可，就是夫妻了，没有必要再履行法律手续。②婚姻登记不方便。根据《婚姻登记管理条例》的规定，婚姻登记管理机关在城市是街道办事处或者市辖区、不设区的市人民政府的民政部门，在农村是乡、民族乡、镇人民政府。而我国幅员辽阔，对于地理位置偏远、交通不便的地区，进行结婚登记有一定困难。③登记制度不健全。比如，有的当事人到了婚姻登记机关，因办事人员不在等原因不能登记。有的擅自提高法定婚龄，使当事人的合法权利不能得到实现。④婚姻登记搭车收费。比如有的要收计划生育押金、户口迁移保证金等。⑤法制宣传不够。人们的法制观念淡薄，对婚姻登记的重要性缺乏认识。有的人不具备法律规定的结婚条件，为逃避国家对婚姻的管理和监督，故意不登记，造成事实婚姻状态。

《中华人民共和国婚姻法》（以下简称《婚姻法》）第八条规定"未办理结婚登记的，应当补办登记。"这一规定从积极角度重申了办理结婚登记的必要性，那些符合《婚姻法》规定的结婚条件，举行了结婚仪式或已经以夫妻名义共同生活，但未办理结婚登记的男女，应尽早补办登记，以使自己的婚姻行为合法化。

Q3 婚姻的无效与撤销情形有哪些？

（1）无效婚姻　婚姻无效的法定情形：一是重婚的；二是有禁止结婚的亲属关系的；三是婚前患有医学上认为不应当结婚的疾病，婚后尚未治愈的；四是未达到法定婚龄的。

人民法院是唯一的婚姻无效宣告机关。宣告婚姻无效的诉讼程序具有特殊性，不适用调解，判决一经作出，即发生法律效力，当事人不得上诉。

（2）可撤销婚姻　因胁迫结婚的，受胁迫的一方可以向婚姻登记机关或人民法院请求撤销该婚姻。受胁迫的一方撤销婚姻的请求，应当自结婚登记之日起 1 年内提出。被非法限制人身自由的当事人请求撤销婚姻的，应当自恢复人身自由之日起 1 年内提出。

构成胁迫的要件：一是有胁迫的故意，行为人有通过胁迫行为使受胁迫人产生恐惧心理，并基于恐惧心理而被迫同意结婚的故意；二是有胁迫行为，行为人实施了以对受胁迫人及其近亲属的生命、身体健康、名誉、财产等方面造成损害为要挟的不法行为，胁迫行为的实施人可以是婚姻当事人，也可以是与其有关的第三人，受胁迫者可以是婚姻当事人本人，也可以是其近亲属；三是受胁迫人同意结婚与胁迫之间有因果关系，受胁迫人之所以作出同意结婚的意思表示是因为胁迫行为致使其产生恐惧心理而为。

Q4 夫妻人身法律关系和财产法律关系是什么？

（1）夫妻人身法律关系　包括夫妻姓名权、夫妻人身自由权、夫妻计划生育义务、夫妻继承权、夫妻扶养权等方面的内容。

夫妻姓名权：夫妻双方都有各用自己姓名的权利。

夫妻人身自由权：夫妻双方都有参加生产、工作、学习和社会活动的自由，一方不得对他方加以限制或干涉。

夫妻计划生育义务：夫妻双方都有实行计划生育的义务。

夫妻继承权：夫妻有相互继承遗产的权利。

夫妻扶养权：夫妻有互相扶养的义务。一方不履行扶养义务时，需要扶养的一方，有要求对方付给扶养费的权利。

（2）夫妻财产法律关系

①夫妻共同财产　夫妻在婚姻关系存续期间所得的下列财产，归夫妻共同所有：一是工资、奖金；二是生产、经营的收益；三是知识产权的收益；四是继承或赠与所得的财产，但婚姻法第十八条第三项规定的除外；五是其他应当归共同所有的财产。夫妻对共同所有的财产，有平等的处理权。

②夫妻个人财产　有下列情形之一的，为夫妻一方的财产：一是一方的婚前财产；二是一方因身体受到伤害获得的医疗费、残疾人生活补助费等费用；三是遗嘱或赠与合同中确定只归夫或妻一方的财产；四是一方专用的生活用品；五是其他应当归一方的财产。

③约定财产制　夫妻可以约定婚姻关系存续期间所得的财产以及婚前财产归各自所有、共同所有或部分各自所有、部分共同所有。约定应当采用书面形式。没有约定或约定不明确的，适用法定财产制度的共有制和个人制。

夫妻对婚姻关系存续期间所得的财产以及婚前财产的约定，对双方具有约束力。

夫妻对婚姻关系存续期间所得的财产约定归各自所有的，夫或妻一方对外所负的债务，第三人知道该约定的，以夫或妻一方所有的财产清偿。

Q5 什么是协议离婚和诉讼离婚？

婚姻终止是指合法有效的婚姻关系因发生一定的法律事实而归于消灭。导致婚姻终止的法律事实有二：因配偶一方死亡而终止，因离婚的法律行为而终止。我国实行登记离婚制度。

（1）**协议离婚** 协议离婚也叫"双方自愿离婚"，是指婚姻关系当事人达成离婚合意并通过婚姻登记程序解除婚姻关系的法律制度。其主要特征：一是当事人双方在离婚以及子女和财产问题上意愿一致，达成协议；二是按照婚姻登记程序办理离婚登记，取得离婚证，即解除婚姻关系。

具体程序：第一，当事人申请；第二，婚姻登记管理机关审查；第三，离婚登记和发给离婚证。

（2）**诉讼离婚** 《婚姻法》第三十二条：

■男女一方要求离婚的，可由有关部门进行调解或直接向人民法院提出离婚诉讼。

■人民法院审理离婚案件，应当进行调解；如感情确已破裂，调解无效，应准予离婚。

■有下列情形之一，调解无效的，应准予离婚：

●重婚或有配偶者与他人同居的；

●实施家庭暴力或虐待、遗弃家庭成员的；

●有赌博、吸毒等恶习屡教不改的；

●因感情不和分居满二年的；

●其他导致夫妻感情破裂的情形。

■一方被宣告失踪，另一方提出离婚诉讼的，应准予离婚。

《婚姻法》第三十四条：

■ 女方在怀孕期间、分娩后 1 年内或中止妊娠后 6 个月内，男方不得提出离婚。女方提出离婚的，或人民法院认为确有必要受理男方离婚请求的，不在此限。

（二）继 承

Q6 谁能成为继承人，能继承哪些遗产？

（1）继承人　继承人是继承法律关系的权利主体。根据继承的方式，继承人可分为法定继承人和遗嘱继承人。

法定继承人是指依照法律规定的范围和顺序，直接承受被继承人遗产的继承人。法定继承人的继承权直接来自法律的规定，而无须被继承人的指定。

遗嘱继承人是指按照被继承人所立的合法有效的遗嘱而直接承受遗产的人。

（2）遗产　遗产是公民死亡时遗留的个人合法财产，包括：①公民的收入；②公民的房屋、储蓄和生活用品；③公民的林木、牲畜和家禽；④公民的文物、图书资料；⑤法律允许公民所有的生产资料；⑥公民的著作权、专利权中的财产权利；⑦公民的其他合法财产。

（3）继承权　继承权是指自然人依照法律的直接规定或者依照被继承人所立的合法有效的遗嘱而享有的继承被继承人遗产的权利。

《中华人民共和国继承法》（以下简称《继承法》）第七条：

■ 继承人有下列行为之一的，丧失继承权：

- 故意杀害被继承人的；
- 为争夺遗产而杀害其他继承人的；
- 遗弃被继承人的，或者虐待被继承人情节严重的；
- 伪造、篡改或者销毁遗嘱，情节严重的。

Q7 什么是法定继承？

法定继承是指继承人的范围、继承人的顺序、实际参与分配遗产的继承人以及遗产如何分配等与继承遗产密切相关的事宜，都由法律予以明确规定的继承遗产方式。

（1）继承人范围及继承顺序 第一顺序：配偶、子女、父母。第二顺序：兄弟姐妹、祖父母、外祖父母。

继承开始后，由第一顺序继承人继承，第二顺序继承人不继承。没有第一顺序继承人继承的，由第二顺序继承人继承。

所说的子女，包括婚生子女、非婚生子女、养子女和有扶养关系的继子女；所说的父母，包括生父母、养父母和有扶养关系的继父母；所说的兄弟姐妹，包括同父母的兄弟姐妹、同父异母或者同母异父的兄弟姐妹、养兄弟姐妹、有扶养关系的继兄弟姐妹。

（2）代位继承与转继承 被继承人的子女先于被继承人死亡的，由被继承人的子女的晚辈直系血亲代位继承。代位继承人一般只能继承他的父亲或者母亲有权继承的遗产份额。

转继承是指继承人在被继承人死亡后没有表示放弃继承，而在遗产分割前死亡，其应继承的遗产份额转移给他的合法继承人的继承方式。

（3）遗产分配 《继承法》第十三条：

■同一顺序继承人继承遗产的份额，一般应当均等。

■对生活有特殊困难的缺乏劳动能力的继承人，分配遗产时，应当予以照顾。

■对被继承人尽了主要扶养义务或者与被继承人共同生活的继承人，分配遗产时，可以多分。

■有扶养能力和有扶养条件的继承人，不尽扶养义务的，分配遗产时，应当不分或者少分。

■继承人协商同意的，也可以不均等。

《继承法》第十四条：

■对继承人以外的依靠被继承人扶养的缺乏劳动能力又没有生活来源的人，或者继承人以外的对被继承人扶养较多的人，可以分配给他们适当的遗产。

Q8 遗嘱继承包括哪些内容？

遗嘱是指遗嘱人生前在法律允许的范围内，按照法律规定的方式对其遗产或其他事务所作的个人处分，并于遗嘱人死亡时发生效力的法律行为。

（1）**遗嘱的实质条件** ①遗嘱人在立遗嘱时必须具有完全行为能力；②遗嘱内容必须是遗嘱人真实的意思表示；③遗嘱内容必须合法。

（2）**遗嘱形式** 公证遗嘱由遗嘱人经公证机关办理。自书遗嘱由遗嘱人亲笔书写，签名，注明年、月、日。代书遗嘱应当有两个以上见证人在场见证，由其中一人代书，注明年、月、日，并由代书人、其他见证人和遗嘱人签名。

以录音形式立的遗嘱，应当有两个以上见证人在场见证。

　　遗嘱人在危急情况下，可以立口头遗嘱。口头遗嘱应当有两个以上见证人在场见证。危急情况解除后，遗嘱人能够用书面或者录音形式立遗嘱的，所立的口头遗嘱无效。

　　（3）遗嘱的撤销和变更　遗嘱人可以撤销、变更自己所立的遗嘱。立有数份遗嘱，内容相抵触的，以最后的遗嘱为准。自书、代书、录音、口头遗嘱，不得撤销、变更公证遗嘱。

　　（4）遗赠　遗赠是指被继承人通过遗嘱的方式，将其遗产的一部分或全部赠与法定继承人以外的人的一种民事法律行为。指被继承人临终前以遗嘱方式转让其部分遗产的行为。

　　（5）遗赠扶养协议　是遗赠人和扶养人之间关于扶养人承担遗赠人的生养死葬的义务，遗赠人的财产在其死后转归扶养人所有的协议。遗赠扶养协议是一种平等、有偿和互为权利义务关系的民事法律关系。遗赠扶养协议是我国《继承法》确立的一项新的法律制度，是我国继承制度的新发展。

（三）收养与赡养

Q9 收养的成立条件和解除方式是什么？

　　（1）收养的基本原则　收养应当有利于被收养的未成年人的抚养、成长，保障被收养人和收养人的合法权益，遵循平等自愿的原则，并不得违背社会公德。收养不得违背计划生育的法律、法规。

　　（2）收养成立的实质条件

　　①收养人的条件　收养人应当同时具备下列条件：第一，无子女；第二，有抚养教育被收养人的能力；第三，未患有在医学

上认为不应当收养子女的疾病；第四，年满 30 周岁。

②被收养人的条件　下列不满 14 周岁的未成年人可以被收养：一是丧失父母的孤儿；二是查找不到生父母的弃婴和儿童；三是生父母有特殊困难无力抚养的子女。

（3）收养关系的成立　收养应当向县级以上人民政府民政部门登记。收养关系自登记之日起成立。

收养查找不到生父母的弃婴和儿童的，办理登记的民政部门应当在登记前予以公告。

收养关系当事人愿意订立收养协议的，可以订立收养协议。

收养关系当事人各方或者一方要求办理收养公证的，应当办理收养公证。

（4）收养关系的解除

①协议解除　协议解除的条件：收养当事人一致同意解除收养关系；收养当事人对收养存续期间所形成的家庭共有财产已进行合理的分割，不存在财产争议；对收养当事人在收养期间形成的生活费和教育费有合理安排，或对缺乏劳动能力又没有生活来源的养父母的生活费有合理的安排；被收养人已经成年或尚未成年但收养人、送养人双方协议解除，养子女年满 10 周岁以上已经征得本人同意。

当事人协议解除收养关系的，应当到民政部门办理解除收养关系的登记。

②一方要求解除　收养人不履行抚养义务，有虐待、遗弃等侵害未成年养子女合法权益行为的，送养人有权要求解除养父母与养子女间的收养关系。送养人、收养人不能达成解除收养关系协议的，可以向人民法院起诉。

养父母与成年养子女关系恶化、无法共同生活的，可以协议

解除收养关系。不能达成协议的，可以向人民法院起诉。

Q10 赡养人有哪些义务？

《宪法》第四十九条：

■ 成年子女有赡养扶助父母的义务。

（1）赡养人 赡养人是指老年人的子女以及其他依法负有赡养义务的人。赡养人的配偶应当协助赡养人履行赡养义务。

（2）赡养人义务

①赡养人应当履行对老年人经济上供养、生活上照料和精神上慰藉的义务，照顾老年人的特殊需要。

②赡养人应当使患病的老年人及时得到治疗和护理；对经济困难的老年人，应当提供医疗费用。

③对生活不能自理的老年人，赡养人应当承担照料责任；不能亲自照料的，可以按照老年人的意愿委托他人或者养老机构等照料。

④赡养人应当妥善安排老年人的住房，不得强迫老年人居住或者迁居条件低劣的房屋。

⑤老年人自有的或者承租的住房，子女或者其他亲属不得侵占，不得擅自改变产权关系或者租赁关系。

⑥老年人自有的住房，赡养人有维修的义务。

⑦赡养人有义务耕种或者委托他人耕种老年人承包的田地，照管或者委托他人照管老年人的林木和牲畜等，收益归老年人所有。

案例 1　婚前财产公证

案情简述

　　李某与王某恋爱 3 年了，在卧龙城小区看好了房子，准备购房结婚，李某认为已到结婚过日子的时候，毫不犹豫地把自己多年的积蓄 4 万元交给了王某买楼，根本没往坏处考虑，更没有找什么证明。于是两人共花了 12 万元买下了楼房。

　　2006 年 5 月，新房装修好了，房产证书办妥了，对房产证上产权人一项仅有"王某"二字，李某根本不介意，总感到一家人写谁的名字都可以。当年 5 月 1 日，二人终于携手走进婚姻的殿堂。但此后不久，王某与一有夫之妇有染，有时彻夜不归，李某无法原谅他，遂到法院要求离婚，并要求王某返还其支付的购房款 4 万元。王某则辩称，那套房子是他的婚前财产，买房子的钱全是他支付的，房子的产权人也是他。最后，法院判决李某与王某离婚，同时以证据不足为由驳回李某的诉讼请求。

以案释法

　　婚前财产公证是指公证机构依法对夫妻（未婚夫妻）双方就各自婚前财产、债务的范围和权利归属问题达成协议的真实性、合法性给予证明的活动。婚前财产公证有两种形式：一是未婚夫妻在结婚登记前达成协议办理公证，二是夫妻双方在婚后对一方或双方婚前的财产达成的协议办理公证。我国《婚姻法》第十八条第一款规定，一方的婚前财产属于夫妻一方的财产。但是，在婚姻存续期间如何在现有的财产中认定一方婚前财产的范围和归属成为主要的矛盾和纠纷的焦点，假设办理了婚前财产公证，就可以很清晰地证明财产、债务的归属，减少财产分割的争议。

（资料来源：赵凌云. 农村常见法律纠纷案例评析［M］. 北京：中国财政经济出版社，2011：271）

案例 2　虚报年龄的婚姻

案情简述

2005 年，吴某（女）与刘某（男）一见钟情，经过短暂交往，即打算结婚，但国家规定女方的结婚年龄不得小于20 岁，而吴某只有 18 岁，吴某还需要等 2 年才能结婚。于是，原告吴某采用虚报年龄的办法于 2005 年 11 月 10 日与刘某登记结婚。但婚姻生活并非想象中的甜蜜和完美，双方常因家庭琐事发生争吵，后吴某向法院提出申请，要求宣告其与王某的婚姻关系无效。

法院审理认为，根据《婚姻法》的规定，结婚年龄男不得早于 22 周岁，女不得早于 20 周岁。原告吴某与被告刘某登记结婚时，原告年仅 18 周岁，且至今未满 20 周岁，其婚姻关系不符合婚姻的实质要件，属无效婚姻，遂判决宣告原告吴某与被告王某的婚姻关系无效。案件中，吴某采用虚报年龄的方式骗取了《结婚证》，法院在民事案件中审理确认了婚姻无效，但对于吴某的欺骗行为，仍然要承担法律责任。

以案释法

法律规定的结婚年龄，是结婚的必备条件，是不可以由婚姻当事人随意改变的。虚报结婚年龄主要是尚未达到法定婚龄的人多报年龄，以达到结婚的目的，是同"男不得早于

22 周岁，女不得早于 20 周岁"的规定相抵触的，是法律禁止的弄虚作假行为，是骗取结婚证的行为。结婚登记机关发现婚姻当事人有违反婚姻法的行为，或在登记时弄虚作假，骗取结婚证的，应宣布该项婚姻无效，收回已骗取的结婚证，并对当事人处以 200 元以下的罚款。这说明有意虚报结婚年龄，用违法手段达到结婚目的的行为，是一种违法行为，是要追究当事人的责任的。

（资料来源：赵凌云. 农村常见法律纠纷案例评析［M］. 北京：中国财政经济出版社，2011：256）

案例 3　工伤赔偿金是否是夫妻共同财产

案情简述

2010 年某村王某与元某结婚，结婚后王某在煤矿工作，月工资 4500 余元。2011 年，王某因在煤矿受伤，被鉴定为七级伤残，获得工伤赔偿金 22 万元，这笔赔偿金由王某妻子元某代为保管，部分用于家庭生活开支。2012 年 8 月，王某与元某因感情不和，元某向法院提出诉讼，要求与王某离婚，并提出将 22 万元工伤赔偿金作为夫妻共同财产进行分割。王某则认为工伤赔偿金是其个人财产，不能进行分割。

以案释法

根据《婚姻法》第十八条规定，一方因身体受到伤害获得的医疗费、残疾人生活补助费等费用，为夫妻一方的个人财产。因此，王某因工伤获得的 22 万元工伤赔偿金是因身体意外伤残而获得的赔偿费，具有一定的人身专属性和依附性，应归伤残者王某本人所有，必须"专款专赔"，他人不得截留、分享，王某妻子要求将22万元残疾赔偿金作为夫妻共同财产平均分割的要求与法律相悖，得不到人民法院支持。

（资料来源：石磊，刘国辉. 农村常见经济纠纷案例解析 [M]. 武汉：武汉大学出版社，2015：11）

农村纠纷解决机制

六

（一）解决机制概述

Q1 农村争端解决方式有哪些？

根据争端类型的不同，我国农村争端解决方式大致可分为和解、调解、仲裁、信访、行政申诉、行政复议、诉讼等种类。

（1）**和解** 指当纠纷发生以后，双方当事人心平气和地协商，互谅互让，进而对纠纷的解决达成协议的行为。和解具有及时解决纠纷、节约成本、保护合作关系的优点，当事人双方可以首先选择这种方式来解决纠纷。和解协议相当于合同，当事人双方应自觉履行。一方如果不履行和解协议，另一方可以向法院提起诉讼。

（2）**调解** 是在当事人发生纠纷之后，第三人从中进行沟通疏导、说服教育，促使当事人双方互谅互让，达成协议，从而解决纠纷的一种活动。调解一般包括人民调解、法院调解、行政调解等类型。人民调解达成的调解协议具有法律约束力，当事人有争议的，可以提起民事诉讼；经司法确认有效的调解协议，当事人可申请法院强制执行。法院调解达成的调解协议具有等同于法院判决的效力，可以强制执行。行政调解不具有法院调解的效力，当事人不服行政调解的可以提起民事诉讼。

（3）**诉讼** 是由国家司法机关人民法院来处理相关纠纷，经过审理对纠纷作出具有法律意义的裁判。根据不同的纠纷类型，涉及的诉讼类型也不同，有民事诉讼、行政诉讼和刑事诉讼。

（4）**信访**　指公民、法人或其他组织采用书信、电子邮件、传真、电话、走访等形式，向各级国家机关反映情况，提出建议、意见或者投诉请求，依法由有关国家机关处理的活动。信访作为我国一项比较有特色的制度，为老百姓提供了一条向国家发表意见、提出建议、批评投诉的渠道，也是国家沟通人民、了解民情的途径。

（5）**仲裁**　指争议双方当事人在争议发生前或争议发生后达成协议，自愿将争议提交给双方同意的第三者进行裁决，当事人双方有义务执行裁决的一种纠纷解决方法。

仲裁具有自愿性、中立性、法效性和保密性。提交仲裁以双方当事人自愿为前提。仲裁机构根据争议双方当事人签订的仲裁协议所作出的仲裁裁决具有法律效力，对双方当事人具有拘束力。仲裁一般以不公开审理为原则，仲裁员有保密义务。但劳动仲裁具有独特性，只要一方提起仲裁即可，不需双方协商一致。

不能通过仲裁解决的纠纷：①与人身有关的婚姻、收养、监护、抚养、继承纠纷；②应当由行政机关处理的行政争议。

（6）**行政申诉**　指行政诉讼当事人和法律规定的其他人，对人民法院已经发生法律效力的裁定或判决，认为有错误而向人民法院要求复查纠正的一种行为。

（7）**行政复议**　指公民、法人或者其他组织不服行政主体作出的具体行政行为，认为行政主体的具体行政行为侵犯了其合法权益，依法向法定的行政复议机关提出复议申请，行政复议机关依法对该具体行政行为进行合法性、适当性审查，并作出行政复议决定的行政行为。是公民、法人或其他组织通过行政救济途径解决行政争议的一种方法。

（二）民事诉讼程序

Q2 民事诉讼的范围和时效是什么？

（1）民事诉讼范围 民事诉讼的主体包括公民、法人和其他组织。解决的是平等主体之间的民事纠纷。

这里的"公民"，指具有中华人民共和国国籍的自然人。随着改革开放的不断深入和我国社会主义市场经济快速发展，越来越多的外国人和无国籍人在我国参加民事诉讼，《中华人民共和国民事诉讼法》（以下简称《民事诉讼法》）也适用于这些在我国参加民事诉讼的外国人、无国籍人。这里的"法人"，是指具有民事权利能力和民事行为能力，依法独立享有民事权利和承担民事义务的组织。法人包括企业法人、机关、事业单位和社会团体法人。其他组织，是指尚不具备法人资格的独立的社会组织。

公民、法人和其他组织提起民事诉讼的范围包括因财产关系和人身关系而产生的纠纷。财产关系，是指基于物质财富关系而形成的相互关系，包括基于债权、物权、知识产权而形成的相互关系等。人身关系，是指人们基于人格和身份而形成的相互关系，如姓名权、名誉权以及有关婚姻、收养、继承等家庭关系。

（2）管辖 管辖是指各级人民法院和同级人民法院之间，受理第一审民事案件的分工和权限。它是在人民法院系统内部划分和确定某级或者同级中的某个人民法院对某一民事案件行使审判权的问题。将人民法院主管的民事案件，在法院组织系统内部确定其对第一审民事案件的审判权限，才能使人民法院依法主管的民事案件得以落实。

一般情况下依照"原告就被告"原则，向被告所在地法院提出诉讼。

与农村民事纠纷相关度较高的有：合同纠纷由被告住所地管辖；侵权行为诉讼有侵权行为地或被告住所地法院管辖；不动产纠纷由不动产所在地法院管辖；遗产继承纠纷由被继承人死亡时住所地或主要遗产所在地法院管辖；追索赡养费案件的几个被告在不同辖区的可由原告住所地法院管辖。

（3）诉讼时效　　诉讼时效是指民事权利受到侵害的权利人在法定的时效期间内不行使权利，当时效期间届满时，债务人获得诉讼时效抗辩权。在法律规定的诉讼时效期间内，权利人提出请求的，人民法院就强制义务人履行所承担的义务；而在法定的诉讼时效期间届满之后，权利人行使请求权的，人民法院就不再予以保护。值得注意的是，诉讼时效届满后，义务人虽可拒绝履行其义务，权利人请求权的行使仅发生障碍，权利本身及请求权并不消灭。当事人超过诉讼时效后起诉的，人民法院应当受理。受理后，如另一方当事人提出诉讼时效抗辩且查明无中止，中断，延长事由的，判决驳回其诉讼请求；如果另一方当事人未提出诉讼时效抗辩，则视为其自动放弃该权利，法院不得依照职权主动适用诉讼时效，应当受理支持其诉讼请求。

一般诉讼时效为2年。特别诉讼时效为1年的有：身体受到伤害要求赔偿的；出售质量不合格的商品未声明的；延付或拒付租金的；寄存财物被丢失或被损坏的。

Q3 案件受理费用的标准是什么？

诉讼费用，是指当事人进行民事诉讼依法应当向人民法院交纳和支出的费用，包括案件的受理费、申请费和其他诉讼费用。诉讼费用中案件的受理费，属于当事人应交纳的费用，而诉讼中的其他费用，则属于当事人应支出的费用。

（1）财产案件的受理费和交纳标准　财产案件受理费，是指人民法院对财产权益争议案件征收的案件受理费。根据《交纳办法》的有关规定，案件受理费包括第一审案件受理费；第二审案件受理费；再审案件中，依照《交纳办法》的规定需要交纳的案件受理费。对财产案件的受理费，是以诉讼标的额的大小，分段依一定的比例分别计算，然后将各段的数额相加即为案件的受理费用总额。

具体交纳标准如下：①不超过 1 万元的，每件交纳 50 元；②超过 1 万元至 10 万元的部分，按 2.5% 交纳；③超过 10 万元至 20 万元的部分，按 2% 交纳；④超过 20 万元至 50 万元的部分，按 1.5% 交纳；⑤超过 50 万元至 100 万元的部分，按 1% 交纳；⑥超过 100 万元至 200 万元的部分，按 0.9% 交纳；⑦超过 200 万元至 500 万元的部分，按 0.8% 交纳；⑧超过 500 万元至 1 000 万元的部分，按 0.7% 交纳；⑨超过 1 000 万元至 2 000 万元的部分，按 0.6% 交纳；⑩超过 2 000 万元的部分，按 0.5% 交纳。

财产案件受理费的计算方法是按照上述规定对诉讼标的额分段计算，之后相加，所得总数即为应收额。

（2）非财产案件的受理费和交纳标准　非财产案件的受理费，是指人民法院对只涉及人身关系或人身非财产关系的案件收取的案件受理费。非财产案件的受理费，通常是按件交纳的。在非财产案件中涉及财产争议的，按不同的情况分别收取不同标准的受理费。

按照《交纳办法》，非财产案件按照下列标准交纳：

①离婚案件每件交纳 50 元至 300 元。涉及财产分割，财产总额不超过 20 万元的，不另交纳；超过 20 万元的部分，按照 0.5% 交纳。

②侵害姓名权、名称权、肖像权、名誉权、荣誉权以及其他人格权的案件，每件交纳 100 元至 500 元。涉及损害赔偿，赔偿金额不超过 5 万元的，不另行交纳；超过 5 万元至 10 万元的部分，按照 1% 交纳；超过 10 万元的部分，按照 0.5% 交纳。

③其他非财产案件每件交纳 50 元至 100 元。

（3）知识产权与劳动争议案件的受理费和交纳标准 ①知识产权民事案件，没有争议金额或者价额的，每件交纳 500 元至 1 000 元；有争议金额或者价额的，按照财产案件的标准交纳。②劳动争议案件每件交纳 10 元。

上述案件，当事人提出案件管辖权异议，异议不成立的，每件交纳 50 元至 100 元。

对上述案件的收费有幅度规定的，在具体的实施中，由省、自治区、直辖市人民政府结合本地实际情况制定具体的标准。

Q4 审理程序和审理期限是如何规定的？

（1）审理程序 民事诉讼程序包括普通程序和简易程序。基层人民法院及其排除法院审理事实清楚、权利义务关系明确、争议不大的简单民事案件，可以适用简易程序。基层人民法院适用第一审普通程序审理的案件，当事人各方自愿选择适用简易程序，经人民法院审查同意的，可以适用简易程序进行审理。

（2）**审理期限**　适用普通程序审理的第一审民事案件：一般期限为 6 个月；有特殊情况需要延长的，由本院院长批准，可以延长 6 个月；还需要延长的，报请上级人民法院批准，可以再延长 3 个月。

简易程序：在立案之日起 3 个月内审结。

适用特别程序审理的民事案件：应当在立案之日起 30 日内或者公告期满后 30 日内审结。有特殊情况需要延长的，由本院院长批准。但审理选民资格的案件除外。人民法院受理选民资格案件后，必须在选举日前审结。

Q5 **申请执行的相关规定有哪些？**

在人民法院作出裁判后，由于债务人不履行或拒绝履行法律文书确定的义务，当事人在法定的执行时效内向有管辖权的法院提出启动执行程序的叫申请执行。

（1）**申请执行的期限**　《民事诉讼法》第二百三十九条：

■申请执行的期间为 2 年。申请执行时效的中止、中断，适用法律有关诉讼时效中止、中断的规定。

■前款规定的期间，从法律文书规定履行期间的最后一日起计算；法律文书规定分期履行的，从规定的每次履行期间的最后一日起计算；法律文书未规定履行期间的，从法律文书生效之日起计算。

（2）**申请执行的管辖法院**　发生法律效力的民事判决、裁定，以及刑事判决、裁定中的财产部分，由第一审人民法院或者与第一审人民法院同级的被执行的财产所在地人民法院执行。

法律规定由人民法院执行的其他法律文书，由被执行人住所地或者被执行的财产所在地人民法院执行。

人民法院自收到申请执行书之日起超过 6 个月未执行的，申请执行人可以向上一级人民法院申请执行。上一级人民法院经审查，可以责令原人民法院在一定期限内执行，也可以决定由本院执行或者指令其他人民法院执行。

（三）调 解

Q6 调解有哪些类型？

因调解的主体不同，调解有人民调解、法院调解、行政调解、仲裁调解及律师调解等。人民调解是人民调解委员会主持下进行的调解；法院调解是人民法院主持下进行的调解；行政调解是基层人民政府或者国家行政机关主持下进行的调解；仲裁调解是在仲裁机构主持下进行的调解。在这几种调解中，法院调解属于诉内调解，其他都属于诉外调解。

Q7 人民调解的受理范围和调解形式有哪些？

人民调解，属于诉讼外调解的一种。是指在人民调解委员会主持下，以国家法律、法规、规章和社会公德规范为依据，对民间纠纷双方当事人进行调解、劝说，促使他们互相谅解、平等协商，自愿达成协议，消除纷争的活动。

（1）**受理范围**　人民调解委员会调解的民间纠纷，包括发生在公民与公民之间、公民与法人、其他社会组织之间涉及民事权利义务争议的各种纠纷。

①公民与公民　公民与公民之间的纠纷，一般是指发生在家庭成员、邻里、同事、居民、村民之间，因合法权益受到侵犯或者发生争议而引起的纠纷。

②公民与法人　公民与法人、其他社会组织之间的纠纷十分广泛，例如，农村村民与农村合作组织、经济组织、乡镇企业之间因土地承包、农业产业化服务中的合同，划分宅基地、财务管理等方面的纠纷。

③企业职工　企业职工与所在企业之间，因企业转制、租赁、兼并、破产、收购、转让，或者因企业拖欠职工工资、医疗费等发生的纠纷。

④其他　城市居民与城市市政管理组织、施工单位、企业事业单位等因城市街道市政建设、危改房屋改造等引发的纠纷等。

（2）**调解形式**　是指调解人员在调解纠纷的过程中所采用的具体方式。常用的调解方式有：单独调解、共同调解、直接调解、间接调解、公开调解、非公开调解、联合调解等。

①单独调解　是指由纠纷当事人所在地或纠纷发生地的调解委员会单独进行的调解。这是调解委员会最常用的调解方式之一。单独调解适用于调解委员会独任管辖的纠纷。这类纠纷不涉及其他地区、其他单位的关系人。调解组织对纠纷双方当事人都比较熟悉，便于深入调查研究，摸清纠纷发生、发展情况，针对当事人的心理特点，开展调解工作；便于督促调解协议的履行；便于解决当事人合理的实际困难。因此，调解成功率较高。单独调解应注意因人熟、地熟、情况熟而照顾情面或碍于一方势力所造成

的不公正调解等弊端。

②共同调解　是指由两个或两个以上的人民调解组织，对于跨地区、跨单位的民间纠纷，协调配合，一起进行的调解。根据《人民调解委员会组织条例》第七条规定，跨地区、跨单位的纠纷，可以由有关的各方调解组织共同调解。跨地区、跨单位的民间纠纷指的是纠纷当事人属于不同地区或单位或者纠纷当事人属于同一地区或单位而纠纷发生在其他地区或单位的。共同调解民间纠纷与人民调解委员会单独调解民间纠纷的方法、步骤基本相同。但共同调解实施起来较单独调解要复杂，因此，人民调解委员会在与其他地区或单位的人民调解委员会共同调解纠纷时应注意：第一，共同调解是数个调解组织共同调解一起纠纷，在受理后，必须分清主次，以一个调解组织为主，其他调解组织协助。一般情况下，以先行受理民间纠纷的人民调解委员会为主，其他各方为协助调解方。当有两个或两个以上人民调解委员会同时受理时，应本着有利于纠纷调解的原则确定由其中哪个调解委员会管辖，并以有管辖权的调解委员会为主调解，其他有关各方协助调解。第二，在实施调解前，要详细研究制定调解计划，明确分工。在进行调解时，参与调解的调解组织要相互配合，加强信息交流，协调一致地开展工作。第三，共同调解，要以事实为依据，以法律为准绳，对当事人要一视同仁，防止小团体主义、宗派主义对调解工作的干扰。第四，调解协议达成后，各调解组织要以高度负责的精神督促本辖区内当事人认真履行调解协议。第五，以为主方的调解委员会进行纠纷统计，并做好纠纷档案管理工作。

③直接调解　是指调解人员将纠纷双方当事人召集在一起，主持调解他们之间的纠纷。直接调解可以单独调解，也可共同调解。在实行这种调解之前，调解人员一般都事先分别对当事人进

行谈话，掌握了处理这起纠纷的底数。直接调解普遍适用于以下纠纷：一是情节比较简单的纠纷，这类纠纷事实清楚，经说服教育，当事人能够认清是非曲直，使矛盾得到解决；二是矛盾冲突只限于双方当事人之间的纠纷；三是涉及当事人隐私或其他不宜扩散的纠纷。调解人员在采用直接调解的方式时，特别需要对当事人做深入细致的思想工作，促使当事人之间和解，在新的基础上增进团结。

④间接调解 是指调解人员动员借助纠纷当事人以外的第三者的力量进行调解。间接调解方式的运用可分为两种情况：一是针对某些积怨深、难度大的纠纷，动员借助当事人的亲属、朋友的力量，共同做好当事人的思想转化工作。这种调解方式在实践中经常被用来与直接调解结合或者交替使用；二是针对某些纠纷的当事人依恋于幕后人为其出主意的心理特征或其意志受幕后人控制、操纵的特点，先着重解决好与纠纷当事人有关的第三者的思想认识问题，然后利用人们对亲近的人较为信任的心理共性，把对纠纷的正确认识通过第三者作用于当事人，促其转变。如有些婚姻纠纷，表面上看是夫妻之间闹矛盾，其实是公婆或岳父母在背后指使、操纵。对这类纠纷调解人员受理后，应首先从做公婆或岳父母工作入手，解决好他们的思想认识问题，然后再通过他们做夫妻双方的工作。间接调解是人民调解委员会在实践中经常运用的一种工作方法和调解技巧，其中蕴涵着深刻的哲学道理。

⑤公开调解 是指人民调解委员会在调解纠纷时，向当地群众公布调解时间、调解场所，邀请当事人亲属或朋友参加，允许群众旁听的调解方式。这种调解形式主要适用于那些涉及广、影响大、当事人一方或双方有严重过错，并对群众有教育示范作用的纠纷，以起到调解一件、教育一片的作用。

⑥非公开调解　是指人民调解委员会在只有当事人在场无其他人参加的情况下进行的调解。非公开调解是与公开调解相对而言的。非公开调解适用于涉及纠纷当事人隐私权的纠纷，如一些婚姻纠纷、恋爱纠纷、家庭内部纠纷和调解委员会认为不宜公开调解的其他纠纷。非公开调解是调解委员会针对纠纷当事人的特点和纠纷的具体情况，灵活采用的调解方式和调解技巧。有些纠纷当事人心胸狭小，有些当事人认为家丑不可外扬，还有的纠纷内容属于不宜公开的。采用非公开调解，能够使纠纷当事人说出心里话，使调解人员找到纠纷症结，对症下药调解纠纷。

⑦联合调解　是指人民调解委员会会同其他地区或部门的调解组织、群众团体、政府有关部门，甚至司法机关，相互配合，协同作战，共同综合治理民间纠纷的一种方式。联合调解与共同调解既有区别又有联系。联合调解不仅适用于跨地区、跨单位、跨行业的纠纷，久调不决或有激化可能的纠纷，以及涉及调解组织无力解决当事人合理的具体要求的纠纷，而且更适用于调解处理土地、山林、坟地、宗教信仰等引起的大型纠纷和群众性械斗，适宜于专项治理多发性、易激化纠纷以及其他涉及面广、危害性大、后果严重的民间纠纷。联合调解较共同调解规模更大，必要时可在当地党委、政府的统一领导下，发动政府职能部门以及司法机关共同对民间纠纷进行疏导、调解、处理。联合调解是政府有关部门及司法机关与调解组织共同参与调解、处理民间纠纷，将调解组织的疏导、调解同基层人民政府的行政处理、法院的审判活动联为一体的综合治理，因此较共同调解的权威性更强，效力更大。

联合调解处理程序应遵循参与部门的工作程序，如调解程序、处理程序、司法程序。

Q8 什么是法院调解？效力如何？

法院调解又称诉讼内调解，包括调解活动、调解的原则、调解的程序、调解书和调解协议的效力等，是当事人用于协商解决纠纷、结束诉讼、维护自己的合法权益，审结民事案件、经济纠纷案件的制度。诉讼中的调解是人民法院和当事人进行的诉讼行为，其调解协议经法院确认，即具有法律上的效力。

《民事诉讼法》规定，人民法院审理民事案件，应遵循查明事实、分清是非、自愿与合法的原则，调解不成，应及时判决。法院调解，可以由当事人的申请开始，也可以由人民法院依职权主动开始。调解案件时，当事人应当出庭；如果当事人不出庭，可以由经过特别授权的委托代理人到场协商。调解可以由审判员一人主持，也可以由合议庭主持，并尽可能就地进行。除法律规定的特殊原因外，一般应当公开调解。在法院调解中，被邀请的单位和个人，应当协助人民法院进行调解。在审判人员的主持下，双方当事人自愿、协商达成调解协议，协议内容符合法律规定的，应予批准。调解达成协议，人民法院应当制作调解书。调解书应当写明诉讼请求、案件的事实和调解结果，由审判人员、书记员署名，加盖人民法院印章，送达双方当事人签收后，即具有法律效力。

下列案件调解达成协议，人民法院可以不制作调解书：①调解和好的离婚案件。②调解维持收养关系的案件。③能够即时履行义务的案件。④其他不需要制作调解书的案件。

Q9 什么是行政调解？

　　行政调解是国家行政机关处理行政纠纷的一种方法。国家行政机关根据法律规定，对属于国家行政机关职权管辖范围内的行政纠纷，通过耐心的说服教育，使纠纷的双方当事人互相谅解，在平等协商的基础上达成一致协议，从而合理地、彻底地解决纠纷矛盾。行政调解是指在有关行政机关的主持下，依据相关法律、法规、规章以及政策，处理纠纷的方式。行政调解达成的协议也不具有强制约束力。

（四）信　访

Q10 信访机构有哪些？

　　（1）信访　是指公民、法人或者其他组织采用书信、电子邮件、传真、电话、走访等形式，向各级人民政府、县级以上人民政府工作部门反映情况，提出建议、意见或者投诉请求，依法由有关行政机关处理的活动。

　　（2）信访机构　《信访条例》第六条：

　　■县级以上人民政府应当设立信访工作机构；县级以上人民政府工作部门及乡、镇人民政府应当按照有利工作、方便信访人的原则，确定负责信访工作的机构（以下简称"信访工作机构"）或者人员，具体负责信访工作。

Q11 信访渠道有哪些?

《信访条例》第九条:

■ 各级人民政府、县级以上人民政府工作部门应当向社会公布信访工作机构的通信地址、电子信箱、投诉电话、信访接待的时间和地点、查询信访事项处理进展及结果的方式等相关事项。

■ 各级人民政府、县级以上人民政府工作部门应当在其信访接待场所或者网站公布与信访工作有关的法律、法规、规章,信访事项的处理程序,以及其他为信访人提供便利的相关事项。

《信访条例》第十条:

■ 设区的市级、县级人民政府及其工作部门,乡、镇人民政府应当建立行政机关负责人信访接待日制度,由行政机关负责人协调处理信访事项。信访人可以在公布的接待日和接待地点向有关行政机关负责人当面反映信访事项。

■ 县级以上人民政府及其工作部门负责人或者其指定的人员,可以就信访人反映突出的问题到信访人居住地与信访人面谈沟通。

《信访条例》第十一条:

■ 国家信访工作机构充分利用现有政务信息网络资源,建立全国信访信息系统,为信访人在当地提出信访事项、查询信访事项办理情况提供便利。

■ 县级以上地方人民政府应当充分利用现有政务信息网络资源,建立或者确定本行政区域的信访信息系统,并与上级人民政府、政府有关部门、下级人民政府的信访信息系统实现互联互通。

《信访条例》第十二条:

■ 县级以上各级人民政府的信访工作机构或者有关工作部门

应当及时将信访人的投诉请求输入信访信息系统，信访人可以持行政机关出具的投诉请求受理凭证到当地人民政府的信访工作机构或者有关工作部门的接待场所查询其所提出的投诉请求的办理情况。具体实施办法和步骤由省、自治区、直辖市人民政府规定。

《信访条例》第十三条：

■ 设区的市、县两级人民政府可以根据信访工作的实际需要，建立政府主导、社会参与、有利于迅速解决纠纷的工作机制。

■ 信访工作机构应当组织相关社会团体、法律援助机构、相关专业人员、社会志愿者等共同参与，运用咨询、教育、协商、调解、听证等方法，依法、及时、合理处理信访人的投诉请求。

Q12 信访人有哪些权利和义务？

（1）权　利

①依法反映情况，提出建议、意见或者投诉请求。

②依法信访不受打击报复。

③就行政机关的行政行为及其工作人员的职务行为提出信访事项。

④查询信访事项办理情况。

⑤就行事项受理、办理情况得到书面答复。

⑥要求对办理信访事项有直接利害关系的工作人员回避。

⑦检举、揭发材料及有关材料不被透露或者转给被检举、揭发的人员或者单位。

⑧反映的情况，提出的建议、意见，对国民经济和社会发展或者对改进国家机关以及保护社会公共利益有贡献的，得到奖励。

⑨事实清楚、法律依据充分的投诉请求得到支持。

⑩对信访事项处理不服，要求复查、复核。

（2）义 务

①信访人提出信访事项，应当客观真实，对其所提供材料内容的真实性负责，不得捏造、歪曲事实，不得诬告、陷害他人。

②信访人在信访过程中应当遵守法律、法规，不得损害国家、社会、集体的利益和其他公民的合法权利，自觉维护社会公共秩序和信访秩序，不得有下列行为：

第一，在国家机关办公场所周围、公共场所非法聚集，围堵、冲击国家机关，拦截公务车辆，或者堵塞、阻断交通的；

第二，携带危险物品、管制器具的；

第三，侮辱、殴打、威胁国家机关工作人员，或者非法限制他人人身自由的；

第四，在信访接待场所滞留、滋事，或者将生活不能自理的人弃留在信访接待场所的；

第五，煽动、串联、胁迫、以财物诱使、幕后操纵他人信访或者以信访为名借机敛财的；

第六，扰乱公共秩序、妨害国家和公共安全的其他行为。

关于赔偿的法律常识

（一）医疗事故赔偿

Q1 医疗事故赔偿项目和标准是什么？

（1）共有赔偿项目

①医疗费　医疗费根据医疗机构出具的医疗费、住院费等收款凭证，结合病历和诊断证明等相关证据确定。医疗费的赔偿数额，按照一审法庭辩论终结前实际发生的数额确定。根据医疗证明或者鉴定结论确定必然发生的费用，可以与已经发生的医疗费一并予以赔偿。器官功能恢复训练所必要的康复费、适当的整容费以及其他后续治疗费，赔偿权利人可以待实际发生后另行起诉。

②误工费　误工费根据受害人的误工时间和收入状况确定。

误工时间根据受害人接受治疗的医疗机构出具的证明确定，受害人因伤残持续误工的，误工时间可以计算至定残日前1天。受害人有固定收入的，误工费按照实际减少的收入计算；受害人无固定收入的，按照其最近3年的平均收入计算。受害人不能举证证明其最近3年的平均收入状况的，可以参照受诉法院所在地或者相近行业上一年度职工的平均工资计算。

③护理费　护理费根据护理人员的收入状况和护理人数、护理期限确定。护理人员有收入的，参照误工费的规定计算；护理人员没有收入或者雇用护工的，参照当地护工从事同等级别护理的劳务报酬标准计算。护理人员原则上为1人，但医疗机构或者鉴定机构有明确意见的，可以参照确定护理人员人数。护理期限

应计算至受害人恢复生活自理能力时为止；受害人因残疾不能恢复生活自理能力的，可以根据其年龄、健康状况等因素确定合理的护理期限，但最长不超过 20 年。受害人定残后的护理，应当根据其护理依赖程度并结合配制残疾辅助器具的情况确定护理级别。

④住院伙食补助费　住院伙食补助费可以参照当地国家机关一般工作人员的出差伙食补助标准予以确定。

⑤营养费　营养费根据受害人伤残情况参照医疗机构的意见确定。

⑥交通费　交通费根据受害人及其必要的陪护人员因就医或者转院治疗实际发生的费用计算。交通费应当以正式票据为凭，有关凭据应当与就医地点、时间、人数、次数相符合。

⑦住宿费及伙食费　受害人确有必要到外地治疗，因客观原因不能住院，受害人本人及其陪护人员实际发生的住宿费和伙食费，其合理部分应予赔偿。

⑧被扶养人生活费　被扶养人生活费根据扶养人丧失劳动能力程度，按照受诉法院所在地上一年度城镇居民人均消费性支出和农村居民人均年生活消费支出标准计算。

被扶养人为未成年人的，计算至 18 周岁；被抚养人无劳动能力又无其他生活来源的，计算 20 年；60 周岁以上的，年龄每增加一岁减少一年；75 周岁以上的，按 5 年计算。

⑨精神损害抚慰金　精神损害的赔偿数额根据以下因素确定：一是侵权人的过错程度，法律另有规定的除外；二是侵害的手段、场合、行为方式等具体情节；三是侵权行为所造成的后果；四是侵权人的获利情况；五是侵权人承担责任的经济能力；六是受诉法院所在地的平均生活水平。

（2）死亡患者赔偿项目

①丧葬费　丧葬费按照受诉法院所在地上一年度职工月平均工资标准，以 6 个月总额计算。

②死亡赔偿金　死亡赔偿金按照受诉法院所在地上一年度城镇居民人均可支配收入或者农村居民人均纯收入标准，按 20 年计算。60 周岁以上的，年龄每增加 1 岁减少 1 年；75 周岁以上的，按 5 年计算。

③其他　受害人亲属办理丧葬事宜支出的交通费、住宿费和误工损失等其他合理费用。

（3）伤残患者赔偿项目

①残疾赔偿金　残疾赔偿金根据受害人丧失劳动能力程度或者伤残等级，按照受诉法院所在地上一年度城镇居民人均可支配收入或者农村居民人均纯收入标准，自定残之日起按 20 年计算。60 周岁以上的，年龄每增加 1 岁减少 1 年；75 周岁以上的，按 5 年计算。受害人因伤残但实际收入没有减少，或者伤残等级较轻但造成职业妨害严重影响其劳动就业的，可以对残疾赔偿金作相应调整。

②残疾辅助器具费　残疾辅助器具费按照普通适用器具的合理费用标准计算；伤情有特殊需要的，可以参照辅助器具配制机构的意见确定相应的合理费用标准。辅助器具的更换周期和赔偿期限参照配制机构的意见确定。

③患者超过赔偿期限仍生存的费用处理　超过确定的护理期限、辅助器具费给付年限或者残疾赔偿金给付年限，赔偿权利人向人民法院起诉请求继续给付护理费、辅助器具费或者残疾赔偿金的，人民法院应予受理。赔偿权利人确需继续护理、配制辅助器具，或者没有劳动能力和生活来源的，人民法院应当判令赔偿义务人继续给付相关费用 5 ～ 10 年。

④其他　因康复护理、继续治疗实际发生的必要的康复费、护理费、后续治疗费，赔偿义务人也应当予以赔偿。

（二）交通伤害事故赔偿

Q2 交通伤害事故赔偿项目和标准是什么？

（1）**伤害事故赔偿项目**　包括：医疗费；误工费；护理费；营养费；交通费；残疾辅助器具费；残疾赔偿金；被扶养人生活费；死亡赔偿金；丧葬费精神损害抚慰金。

（2）**伤害事故赔偿金额的计算方法**

①医疗费赔偿金额　为医疗期间实际花费的数额。根据《最高人民法院关于审理人身损害赔偿案件适用于法律若干问题的解释》（以下简称《最高院解释》）第十九条规定：医疗费根据医疗机构出具的医药费、住院费等收款凭证，结合病历和诊断证明等相关证据确定，赔偿义务人对医疗的必要性和合理性有异议的应当承担相应的举证责任。

医疗费赔偿数额，按照一审法院辩论终结前实际发生的数额确定，器官功能恢复训练所必要的康复费、适当的整容费以及其他后续治疗费，赔偿权利人可以待实际发生后另行起诉，但根据医疗证明或者鉴定结论确定必然发生的费用，可以与已经发生的医疗费一并予以赔偿。

计算公式：医疗费赔偿金额＋诊疗费＋医药费＋住院费＋其他。

②误工费赔偿金额　有固定工资的：误工费赔偿金额＝误工时间（天）×收入水平（元／天）

无固定工资的又分两种情况：第一种，能够证明其最近3年的平均收入状况的，按照其最近3年的平均收入计算。公式：误工费赔偿金额＝误工时间（天）×最近3年平均收入水平（元/天）。第二种，不能够证明其最近3年的平均工资收入状况的。公式：误工时间（天）×相关、相近行业上一年的职工平均工资（元/天）。

《最高院解释》第二十条：

■误工费根据受害人的误工时间和收入状况确定。误工时间根据受害人接受治疗的医疗机构出具的证明确定。受害人因伤残致持续误工的，误工时间可以计算至定残日前1天。伤残评定机构，按照国家出台的《道路交通事故受伤人员伤残程度评定》（GB 18667—2002）的有关规定确定。

③护理费赔偿金额　有固定收入的：按照误工费标准计算。无固定收入的：护理费赔偿金额＝同级别护理劳务报酬×护理期限。

《最高院解释》第二十一条：

■护理费根据护理人员的收入状况和护理人数、护理期限确定。

④残疾赔偿金　60周岁以下人员的残疾赔偿金＝受诉法院所在地上一年度城镇居民人均可支配收入（农村居民人均纯收入）标准×伤残系数×20年。

60～75周岁之间人员的残疾赔偿金＝受诉法院所在地上一年度城镇居民人均可支配收入（农村居民人均纯收入）标准×伤残系数×[20－（实际年龄－60）]年。

75周岁以上人员的伤残赔偿金＝受诉法院所在地上一年度城镇居民人均可支配收入（农村居民人均纯收入）标准×伤残系数×5年。

伤残系数中，伤情评定为一级伤残的，按金额赔偿，即100%；

2 级至 10 级的,则以 10% 的比例依次递减。多等级伤残者的伤残系数计算,参照《道路交通事故受伤人员伤残评定》(GB 18667—2002)附录 B 的方法计算。

《最高院解释》第二十五条:

■ 残疾赔偿金根据受害人丧失劳动能力程度或伤残等级,按照受诉法院所在地上一年度城镇居民人均可支配收入或者农村人均纯收入标准,自定残之日起按 20 年计算。但 60 周岁以上的,年龄每增加 1 岁减少 1 年;75 周岁以上的,按 5 年计算。

⑤被扶养人生活费赔偿金额　不满 18 周岁的被扶养人生活费 = 城镇居民人均消费性支出(农村人均年生活消费性支出)×(18 − 实际年龄)。

18 ~ 60 周岁被扶养人无劳动能力又无其他生活来源的生活费 = 城镇居民人均消费性支出(农村人均年生活消费性支出)× 20 年。

60 ~ 75 周岁被扶养人无劳动能力又无其他生活来源的生活费 = 城镇居民人均消费性支出(农村人均年生活消费性支出)× [20 − (实际年龄 − 60)] 年。

75 周岁以上被扶养人无劳动能力又无其他生活来源的生活费 = 城镇居民人均消费性支出(农村人均年生活消费性支出)× 5 年。

有其他扶养人时,赔偿义务人承担的被扶养人生活费 = 被扶养人生活费 / 扶养人数。被扶养人有数人时,赔偿义务人承担的年赔偿总额 ≤ 城镇居民人均消费性支出(农村居民人均年生活消费性支出)。

⑥死亡赔偿金　60 周岁以下人员的死亡赔偿金 = 上一年度城镇居民人均可支配收入(农村居民人均纯收入)× 20 年。

60 ~ 75 周岁人员的死亡赔偿金 = 上一年度城镇居民人均可

支配收入（农村居民人均纯收入）×［20－（实际年龄－60）］年。

75周岁以上人员的死亡赔偿金＝上一年度城镇居民人均可支配收入（农村居民人均纯收入）×5年。

《最高院解释》第二十九条：

■死亡赔偿金按照受诉法院所在地上一年度城镇居民人均可支配收入或农村人均纯收入标准，按20年计算。但60周岁以上的，年龄每增加1岁减少1年；75周岁以上的，按5年计算。

⑦丧葬费赔偿金额　丧葬费赔偿金额＝受诉法院所在地上一年度职工月平均工资×6个月。

《最高院解释》第二十七条：

■丧葬费按照受诉法院所在地上一年度职工月平均工资标准，以6个月总额计算。

⑧精神损害抚慰金　《最高院解释》第九条：

■精神损害抚慰金包括以下方式：

- 致人残疾的，为残疾赔偿金；
- 致人死亡的，为死亡赔偿金；
- 其他损害情形的为精神抚慰金。

《最高院解释》第十条：

■精神损害的赔偿数额根据以下因素确定：

- 侵权人的过错程度，法律另有规定的除外；
- 侵害的手段、场合、行为方式等具体情节；
- 侵害行为所造成的后果；
- 侵权人的获利情况；
- 侵权人承担责任的经济能力；
- 受诉法院所在地平均生活水平。

（三）工伤事故赔偿

Q3 工伤事故赔偿项目和标准是什么？

工伤事故赔偿计算公式：

①医疗费赔偿金额 = 诊疗金额 + 住院服务费金额。依据工伤保险诊疗项目目录、工伤保险药品目录、工伤保险住院服务标准确定。

②住院伙食补助费赔偿金额 = 因公出差伙食补助标准（元／人／天）×70%× 人数 × 天数。

③交通食宿费赔偿金额 = 交通费 + 住宿费 + 伙食费。

④辅助器具费赔偿金额 = 普通适用器具的合理费用 × 器具数量。

⑤护理费赔偿金额 = 统筹地区上年度职工月平均工资（元／月）的 50%(完全不能自理) 或 40%(大部分不能自理) 或 30%(部分不能自理)。

⑥伤残补助金赔偿金额 = 本人工资（元／月）×［24（1级伤残）或 22（2级伤残）……6（10级伤残）]。

⑦伤残津贴赔偿金额 = 本人工资（元／月）×［90%（1级）或 85%（2级）……75%（4级）]。

⑧一次性工伤医疗补助金，伤残就业补助金由省、自治区、直辖市人民政府规定。

⑨丧葬补助金额赔偿金额 = 统筹地区上年度职工月平均工资（元／月）×6。

⑩供养亲属抚恤金赔偿金额＝工亡职工本人工资（元／月）。

⑪一次性工亡补助金赔偿金额＝上一年度全国城镇居民人均可支配收入 ×20。

（四）职业病赔偿

Q4 职业病赔偿标准是什么？

职业病是指企业、事业单位和个体经济组织（以下统称用人单位）的劳动者在职业活动中，因接触粉尘、放射性物质和其他有毒、有害物质等因素引起的疾病。

根据《职业病防治法》的规定，卫生部会同劳动和社会保障部发布了《职业病目录》。这一目录规定的职业病有尘肺、职业性放射疾病、职业中毒、物理因素所致职业病、生物因素所致职业病、职业性皮肤病、职业性眼病、职业性耳鼻咽口腔疾病、职业性肿瘤和其他职业病共 10 类 115 种疾病。

职业病是由于职业活动而产生的疾病，但并不是所有在工作中得的病都是职业病。职业病必须是列在《职业病目录》中，有明确的职业相关关系，按照职业病诊断标准，由法定职业病诊断机构明确诊断的疾病。因此，在工作中得的病不一定是职业病，得了《职业病目录》中的疾病也不一定是职业病。

根据国家规定，职业病赔偿标准如下：

（1）**一级工伤赔偿标准** 保留劳动关系，退出工作岗位。如果未退出工作岗位，应继续享受原工资待遇。

从工伤保险基金中支付一次性伤残补助金，标准为 24 个月的本人工资。

从工伤保险基金中按月支付伤残津贴，标准为工资的 90%，伤残津贴实际金额低于当地最低工资标准的，由工伤保险基金补足差额。

工伤职工达到退休年龄并办理退休手续后，停发伤残津贴，享受基本养老保险待遇。基本养老保险待遇低于工资标准的，由工伤保险基金补足差额。

（2）二级工伤赔偿标准　保留劳动关系，退出工作岗位。如果未退出工作岗位，应继续享受原工资待遇。

从工伤保险基金中支付一次性伤残补助金，标准为 22 个月的本人工资。

从工伤保险基金中按月支付伤残津贴，标准为工资的 85%，伤残津贴实际金额低于当地最低工资标准的，由工伤保险基金补足差额。

工伤职工达到退休年龄并办理退休手续后，停发伤残津贴，享受基本养老保险待遇。基本养老保险待遇低于工资标准的，由工伤保险基金补足差额。

（3）三级工伤赔偿标准　保留劳动关系，退出工作岗位。如果未退出工作岗位，应继续享受原工资待遇。

从工伤保险基金中支付一次性伤残补助金，标准为 20 个月的本人工资。

从工伤保险基金中按月支付伤残津贴，标准为工资的 80%，伤残津贴实际金额低于当地最低工资标准的，由工伤保险基金补足差额。

工伤职工达到退休年龄并办理退休手续后，停发伤残津贴，享受基本养老保险待遇。基本养老保险待遇低于工资标准的，由工伤保险基金补足差额。

（4）四级工伤赔偿标准　保留劳动关系，退出工作岗位。如果未退出工作岗位，应继续享受原工资待遇。

从工伤保险基金中支付一次性伤残补助金，标准为 18 个月的本人工资。

从工伤保险基金中按月支付伤残津贴，标准为工资的 75%，伤残津贴实际金额低于当地最低工资标准的，由工伤保险基金补足差额。

工伤职工达到退休年龄并办理退休手续后，停发伤残津贴，享受基本养老保险待遇。基本养老保险待遇低于工资标准的，由工伤保险基金补足差额。

（5）五级工伤赔偿标准　从工伤保险基金中按伤残等级支付一次性伤残补助金，标准为 16 个月的本人工资。

保留与用人单位的劳动关系，由用人单位安排适当工作。

难以安排工作的，由用人单位按月发给伤残津贴，标准为本人工资的 70%，并由用人单位按照规定为其缴纳应缴纳的各项社会保险费。伤残津贴实际金额低于当地最低工资标准的，由用人单位补足差额。

经工伤职工本人提出，该职工可以与用人单位解除或终止劳动关系，由用人单位支付一次性工伤医疗补助金和伤残就业补助金。具体标准由省、自治区、直辖市人民政府规定。

（6）六级工伤赔偿标准　从工伤保险基金中按伤残等级支付一次性伤残补助金，标准为 14 个月的本人工资。

保留与用人单位的劳动关系，由用人单位安排适当工作。

难以安排工作的，由用人单位按月发给伤残津贴，标准为本人工资的 60%，并由用人单位按照规定为其缴纳应缴纳的各项社会保险费。伤残津贴实际金额低于当地最低工资标准的，由用人单位补足差额。

经工伤职工本人提出，该职工可以与用人单位解除或终止劳动关系，由用人单位支付一次性工伤医疗补助金和伤残就业补助金。具体标准由省、自治区、直辖市人民政府规定。

（7）**七级工伤赔偿标准**　从工伤保险基金中，按伤残等级支付一次性伤残补助金，标准为 12 个月的本人工资。

劳动合同期满终止，或者职工本人提出解除劳动合同的，由用人单位支付一次性工伤医疗补助金和伤残就业补助金。具体标准由省、自治区、直辖市人民政府规定。

（8）**八级工伤赔偿标准**　从工伤保险基金中，按伤残等级支付一次性伤残补助金，标准为 10 个月的本人工资。

劳动合同期满终止，或者职工本人提出解除劳动合同的，由用人单位支付一次性工伤医疗补助金和伤残就业补助金。具体标准由省、自治区、直辖市人民政府规定。

（9）**九级工伤赔偿标准**　从工伤保险基金中，按伤残等级支付一次性伤残补助金，标准为 8 个月的本人工资。

劳动合同期满终止，或者职工本人提出解除劳动合同的，由用人单位支付一次性工伤医疗补助金和伤残就业补助金。具体标准由省、自治区、直辖市人民政府规定。

（10）**十级工伤赔偿标准**　从工伤保险基金中，按伤残等级支付一次性伤残补助金，标准为 6 个月的本人工资。

劳动合同期满终止，或者职工本人提出解除劳动合同的，由用人单位支付一次性工伤医疗补助金和伤残就业补助金。具体标准由省、自治区、直辖市人民政府规定。